道不可离

付金财　著

重新发现《大学》《中庸》本义

华龄出版社
HUALING PRESS

图书在版编目（CIP）数据

道不可离：重新发现《大学》《中庸》本义 / 付金财著 . —北京：华龄出版社，2021.12

ISBN 978-7-5169-2127-2

Ⅰ.①道…　Ⅱ.①付…　Ⅲ.①儒家②《大学》—研究③《中庸》—研究　Ⅳ.① B222.15

中国版本图书馆 CIP 数据核字（2021）第 259781 号

本书由福建蓝田书院资助出版

策划编辑	翟玉忠		责任印制	李末圻
责任编辑	郑建军		装帧设计	华彩瑞视

书　名	道不可离		作　者	付金财
出　版发　行	华龄出版社 HUALING PRESS			
社　址	北京市东城区安定门外大街甲 57 号		邮　编	100011
发　行	（010）58122255		传　真	（010）84049572
承　印	北京市大宝装潢印刷有限公司			
版　次	2022 年 3 月第 1 版		印　次	2022 年 3 月第 1 次印刷
规　格	787mm×1092mm		开　本	1/32
印　张	8		字　数	195 千字
书　号	ISBN 978-7-5169-2127-2			
定　价	68.00 元			

自序：对优秀传统文化正本清源、返本开新

　　中国文化内圣外王、内修外治一以贯之，是通过合作、学习和劳动追求人间幸福的世俗文化。与西方追求离世天堂不同，其重人道人伦，礼义教化。所以《礼记·中庸》说："道也者，不可须臾离也，可离非道也。"《礼记·乐记》也说："礼乐不可斯须去身。"

　　源远流长、生生不息的中国文化直接源于夏商周三代王官之学，春秋战国王室衰微，王官之学流散。孔子承王官之学余续，兴办私学，创新传播文化，成为王官之学转化为诸子百家的枢纽。孔子以四科培养人才，四科是德行、言语、政事、文学。四科发展为诸子百家，形成中国文化的主流。所以孔子不仅是儒家的鼻祖，也是诸子百家的鼻祖。诸子百家中儒家最为重视王官之学经典的结集、研究与传播。四科之一的文学即以研究传播经典见长。春秋战国时期，周王室中央权威下降，诸侯国间，矛盾复杂，冲突兼并，合纵连横，进入全面对立状态。适应此种政治需要，诸子百家汇集交融，形成以国家治理、战争、外交为主的黄老之学。

　　秦汉时期完成国家统一，建立巩固中央集权的郡县制统一国家。应列国纷争而生的黄老之学退居次位，重建王官之学成为时代需要，所以汉武帝罢黜百家，表彰六经，西汉宣帝、东汉章帝以中央集权国家权威统一观点差异较大的今文经学和古文经学。经学超过诸子百家成为中国古代文化的主流。

　　东汉魏晋南北朝，中国政治分裂，社会动荡，人民不能安居乐业，世俗生存陷入物质和精神的双重痛苦，失去了对生活和未来的信心。在此社会背景下，佛教传入中国，本土道教形成。佛教道教否定现实生活，通过禅修，以追求解脱和长生。佛教、道教以个体修行为中心，其理论重点在探讨个体生命的心性和修行；经学则强调家国治理和经济社会发展。二者取向不同，一为入世，一为出世。充满痛苦的时代，更多的人们选择了出世的佛教道教，经学衰落。

　　中国地理环境有别于世界其他地区，高原山地多，平原宜居地区少，气候条件也远逊于印度等地区。中国只有通过合作、学习、劳动才能实现生存，缺乏足以支撑脱离家庭社会劳动，离世修行的经济条件。经学虽然衰落，但依然被坚守。隋唐时期，中央集权统一国家再次重建，中央集权政府自觉地将经学确立为官学。唐朝政府统一经学，编辑《五经正义》，以此作为培养人才和选拔人才的制定经典，佛教道教仅处于辅助经学实现社会教化的地位。

　　佛教道教的出世修行取向，决定了其以宇宙论、心性论、修行论见长。佛教道教经典大部短篇都有。经典文本比较通俗，尤其是佛教经典用当时的口语翻译成汉语。这样佛教道教经典的玄妙深刻宏大对饱读诗书的士人很有吸引力，佛教道教经典的短小精悍、通俗易懂又便于普遍传播。这两者都是五经的相对劣势。

五经在先秦、秦汉时期结集而成，文字的通俗性差，即使借助注疏，阅读难度依然不小。五经文本较长，没有类似《心经》《金刚经》的短小精悍之篇。再有，五经内容长于治国理家和伦理规范，短于玄思。如果经学要与佛教道教抗衡并存，必须弥补自身的短板。唐朝韩愈与李翱开启此项工作，经过北宋五子，至南宋朱熹，五经的短板被补齐。四书成为儒家标志性经典被重新解读，经学发展进入新阶段——理学。

首先，《大学》《中庸》《论语》《孟子》篇幅相对短小，尤其是《大学》《中庸》，文本比较通俗，用比较具有概括性抽象性的语言介绍儒家思想和主张。其次，四书中的天命、人性、诚明、大本、格物致知、诚意等用语为程朱对其重新解释留下足够的空间，程朱借用佛教心性论、修行论思想对这些范畴重新解释后，弥补儒家经典在形而上学方面的不足。用佛教理论对《大学》《中庸》等进行重新解释，便是人们常言的援佛入儒，所以理学是儒家经典的佛教化。

理学的形成与传播，积极意义是发展壮大了中国世俗文化，使得儒学能够和佛教道教抗衡，具有广泛的社会基础，避免中国成为宗教国家。引导中国古代社会广大士绅阶层安心于基层治理，乡贤成为社会基层的领导和治理力量。其不足是理学的创造者、传播者和服膺者多属于远离国家治理的士绅，他们对国家治理的艰巨性、复杂性缺乏了解和认识，将国家治理简化为道德修养和实践，存在浓烈的道德万能倾向，认为道德修养和实践可以解决国家治理的复杂问题。

理学代表了中国古代众多中小地主阶层的利益。元朝建立后，元朝上层统治者出于治理广大中国的需要，将代表广大中小地主阶层利益的理学尊为国家意识形态，明清沿用了元朝的文化政策。这样，元明清三代理学成为中国的主流意识形态，人才培养与选拔的教材和命题以四书为主。由于这种历史惯性，形成了今天理学就是儒学，理学就是中华优秀传统文化，孝道就是国学等片面认知。

中华优秀传统文化是中国文化的根与魂，是中华民族伟大复兴的重要支撑，是培养文化自信的基础资源。中华优秀传统文化要想在中华民族复兴大业中发挥作用，必须正本清源、返本开新。理学盛行的社会环境发生了全面彻底的改变，只有透过理学，重新认识理解先秦儒家，才能真正做到传统文化的创造性发展和创新性转化，让中华优秀传统文化和新时代结合起来，发挥实实在在的积极作用。本书便是以《大学》《中庸》为抓手，尝试对优秀传统文化正本清源、返本开新。

目 录
contents

丙编　如切如磋

《大学》本义

《大学》是《小戴礼记》的第四十二篇，是先秦儒学探讨内圣外王的名篇，北宋时期出现单行本，最终因为朱熹将其纳入《四书章句集注》而成为程朱理学的代表作。自元朝始，程朱理学成为中国社会官方意识形态，明清时期《四书章句集注》成为中国古代教育和科举考试的主要参考文献，《大学》为天下士人举子们的必读书，朱熹版《大学》因此盛行，原本《小戴礼记》的《大学》甚至少有人知。

因为时代局限和阶级局限，朱熹版《大学》援佛入儒，修正原本《大学》思想，将先秦儒家思想佛教化，割裂原本《大学》中内圣外王的内在联系，将原本《大学》的内圣思想改造为明内心的本有之德，消解原本《大学》中治国、平天下的终极追求，反而将修身、齐家作为人生终极，这本质上是反映了中国古代社会后期士绅地主阶层的利益。

中华民族的伟大复兴理所当然地包括中华优秀传统文化的复兴，而中华民族传统文化的复兴不是复兴代表士绅地主阶层的程朱理学，而是复兴先秦时期作为中华优秀传统文化的精华的内圣外王。所以要复兴中华传统文化必须突破宋明理学的束缚，回到中华优秀传统文化的初心之所在，即先秦学术。因为只有返本才能开新，只有返本才能找到初心、正心，只有守正才能创新。

一、《大学》一书的变迁

　　《大学》本是《小戴礼记》的四十二篇，主题是治国理政，以治国平天下为最高目标。唐朝韩愈《原道》一文阐发了《大学》一书的思想，引起后世学者对《大学》的重视，北宋时期《大学》从《小戴礼记》中抽离出来，单篇流行。《大学》的主题治国理政，从郑玄、孔颖达到北宋的司马光都持此种观点。理学的集大成者朱熹通过著述和讲学等形式将《大学》的主题修正为治学修行，这是对《大学》思想的误读。《大学》的这种变化反映了唐宋以来门阀世家地主阶层的瓦解和士绅地主阶层的壮大，《大学》作为修行之书，以单行本流通适应了宋朝以来士绅地主阶层的文化需要。

1. 从《小戴礼记》之四十二篇到单行本流通

　　《大学》是《小戴礼记》的第四十二篇。《小戴礼记》的编撰者是西汉时期的礼学家戴圣。东汉时期的经学家郑玄为《小戴礼记》作注，促进了《小戴礼记》学习和传播，唐朝初期孔颖达在郑玄注的基础上编纂《五经义疏》（亦称《五经正义》）就包括

《礼记注疏》。这说明《小戴礼记》的地位明显提高，上升为经的行列，因为西汉时期的《五经》是《尚书》《诗经》《仪礼》《周易》《春秋》，并没有《礼记》。作为《小戴礼记》中的一篇，从《小戴礼记》成书，直到唐朝，《大学》没有单独成篇流通。

唐朝韩愈在《原道》中批评佛道两家，阐明儒家道统和主张时，引用了《大学》，韩愈写道："'古之欲明明德于天下者，先治其国；欲治其国者，先齐其家；欲齐其家者，先修其身；欲修其身者，先正其心；欲正其心者，先诚其意。'然则古之所谓正心而诚意者，将以有为也。今也欲治其心而外天下国家，灭其天常，子焉而不父其父，臣焉而不君其君，民焉而不事其事。孔子之作《春秋》也，诸侯用夷礼则夷之，进于中国则中国之。经曰：'夷狄之有君，不如诸夏之亡。'《诗》曰：'戎狄是膺，荆舒是惩'。今也举夷狄之法，而加之先王之教之上，几何其不胥而为夷也？"[①]韩愈是唐朝古文运动的领袖，主张文以载道，韩愈的思想对宋朝影响很大，可以说韩愈抑制佛教道教，高扬孔孟思想，是宋朝理学的先驱。

北宋经学家石介对《原道》评价极高，他说：

> 《书》之《洪范》，《周礼》之六官，《春秋》之十二经，《孟子》之七篇，《原道》之千三百八十八言，其言王道尽矣。箕子、周公、孔子之时，三代王制尚在。孟子去孔子且未远，能言王道也，不为难矣。去孔子后千五百年间，历扬、墨、韩、庄、老、佛之患，王道绝矣。虽曰《洪范》、

---

① 韩愈著，阎琦校注.韩昌黎文集注释.西安：三秦出版社，2004：20-21.

曰《周官》、曰《春秋》、曰《孟子》存，而千歧万径逐逐竞出，诡邪淫僻荒唐放诞之说，恣行于天地间，无有御之者。大道破散，销亡睢旰（音 sui xū，浑朴貌——笔者注），然惟扬、庄之归，佛、老之从，吏部此时能言之为难。推《洪范》《周礼》《春秋》《孟子》之书，则深维箕子、周公、孔子、孟子之功，吏部（指韩愈）不为少矣。[①]

北宋文论家范温与苏轼、秦观同时代，他说："山谷（即黄庭坚，北宋文学家）每言文章必谨布置，布置必得正体，如官府、甲第、厅堂、房室，各有定处，不可乱也。韩文公《原道》与《书》（即《尚书》）之《尧典》盖如此，其他皆谓之变体可也。"[②]程颐说："《原道》中言语虽有病，然自孟子而后，能将许大见识寻求者，才见此人。"[③]

韩愈对儒家之道倡导以及宋朝时期对韩愈思想的认同，反映了世家门阀地主阶级消弱后，新兴士绅地主阶级需要建设自己意识形态的大趋势，在这种大趋势下，《大学》的地位逐渐凸显出来。北宋政权是以赵匡胤为代表的军事武装力量集团和士绅地主阶层相互妥协而建立的政权，北宋政权以向士绅地主阶层出让政治经济文化特权赢得士绅地主阶级的支持。宋仁宗天圣五年（公元 1027 年）赐《大学》于新科进士王拱辰，后来登第者多赐《大学》《中庸》《儒行》等。于是便有了司马光研究传播《大学》《中庸》的专著《大学广义》《中庸广义》，这是《大学》《中庸》

① 韩愈著，阎琦校注.韩昌黎文集注释.西安：三秦出版社，2004：24.
② 韩愈著，阎琦校注.韩昌黎文集注释.西安：三秦出版社，2004：24.
③ 韩愈著，阎琦校注.韩昌黎文集注释.西安：三秦出版社，2004：24.

较早脱离《小戴礼记》，以单行本流通，后来程颢、程颐分别重新编排《大学》，南宋时期朱熹将《大学》《中庸》从《小戴礼记》中抽出，与《论语》《孟子》合称四书并作注释，称为《四书章句集注》。

朱熹说："退之《原道》诸篇，则于道之大源，若有非荀、扬、仲淹（隋朝教育家、思想家，王通、字仲淹——笔者注）之所及者。"①从《大学》作为《小戴礼记》之一篇到成为单篇流行，可以看出士绅阶级在儒释道三种文化融汇的背景下逐渐认识到《大学》的思想价值。

2.从治国理政之书到治学修身之书

从东汉到两宋，古代学人是如何认识大学的呢？东汉的郑玄说认为：《大学》者，以其记博学可以为政也。"②唐朝孔颖达认同郑玄的看法，他说："此《大学》之篇，论学成之事，能治其国，彰明其德于天下，却从诚意为始。"③学是为了用以治国，由此来看，汉唐时期学人虽然从教育和治国两个方面认识《大学》，他们清楚《大学》的主旨是治国理政。

北宋时期较早阐述《大学》的是司马光的《大学广义》，此书已经佚失，南宋卫湜的《礼记集说》保留了一些司马光对《大学》的认识，司马光认为："夫离章断句，解疑释结，此学之小者也；正心、修身、齐家、治国以至盛德著明于天下，此学之大

---

① 韩愈著，阎琦校注.韩昌黎文集注释.西安：三秦出版社，2004：25.
② 阮元.十三经注疏下册.礼记正义.北京：中华书局，1980影印本：1672.
③ 阮元.十三经注疏下册.礼记正义.北京：中华书局，1980影印本：1672.

者也，故曰《大学》。"①司马光对《大学》的认识比汉唐时期有所进步，他从学问之大小的角度区别《大学》和其他学问的差异，《大学》不是一般的解疑释结之书，而是阐述指导治国理政之书。二程兄弟虽然根据他们的理解将《小戴礼记》中的《大学》篇调整顺序作为单篇，其文集中保留了他们重新编辑的《大学》文本，但是他们没有留下像司马光那样的《大学广义》之类的作品，只是在教学中谈到《大学》；宜兴人唐棣曾向程颐请教："初学如何？"程颐回答："入德之门，无如《大学》。今之学者赖有此一篇存，其他莫如《论》《孟》。"②程颐还和其他学生说："修身，当学《大学》之序，《大学》圣人之完书也，其间先后失次者，已正之矣。"③程颐认为《大学》作为修习儒学的入门，《大学》的核心作用是修身。朱熹认同程颐的观点，他在《大学章句》开篇全面引用程颐的观点说明《大学》主旨："子程子曰：'《大学》，孔氏之遗书，而初学入德之门也。'于今可见古人为学次第者，独赖此篇之存，而《论》《孟》次之。学者必由是而学焉，其庶乎不差矣。"④

不难发现，从郑玄、孔颖达到宋朝司马光对《大学》有个比较一致的认识，那就是《大学》是治国理政之书。而从二程、朱熹开始，忽略了《大学》以治国理政为核心的特点，将《大学》作为儒家治学修身的入门之书——在理学家那里《大学》的核心从治国理政转变成了治学修身。程朱之前，郑玄、司马光等都认

---

① 魏涛.司马光佚书《〈大学〉〈中庸〉广义》稽考.宋史研究论丛.第十四辑，2013：555.

② 程颢，程颐著，王孝鱼点校.二程集.北京：中华书局，1981：277.

③ 程颢，程颐著，王孝鱼点校.二程集.北京：中华书局，1981：311.

④ 朱熹撰，徐德明校点.四书章句集注.上海：上海古籍出版社，2001：4.

为《大学》是教育之书，但是教育的核心和目的是治国理政。而在理学家那里，治学的目的则成了修身，脱离了治国理政。

明朝科举制度以朱熹的《四书章句集注》为教材，朱熹的《四书章句集注》中的《大学章句集注》采用的是二程重新编辑之后的《大学》，以至于南宋以后鲜有人知《礼记·大学》的原本，《礼记·大学》改头换面为程朱版《大学》。对此翟玉忠先生评论说："《礼记·大学》一篇，可谓人人皆知，又人人皆不知也。何以言之？自南宋朱熹将其单独拈出，与《礼记·中庸》《论语》《孟子》，合称四书，天下读书人猎取功名，无人不读，如今日之中小学教科书，故可谓人人皆知。然何以谓'人人皆不知也'？这是因为宋人不识《礼记·大学》真义，按己意，任意剪裁《礼记·大学》，导致其面目全非，《礼记》中的原本《大学》数百年鲜有人知。明朝嘉靖年间，王阳明将原本《大学》刻印出来，当时学人竟奇怪起来：世间还有一个这样的本子。清代学者李惇不禁慨叹：'学者有老死不见原文者'。宋儒篡改经典以就己说，是其做学问的大毛病，其所谓《大学》实际上变成了'朱熹版《大学》'。"[①]

3. 丘濬《大学衍义补》与南怀瑾先生《原本大学微言》

程朱理学自元朝始正式成为中国思想界的主流，直到明清一直如此。随着社会发展，人们对国家治理的专业性认识越来越清楚，逐渐明白仅靠内修达不到外王效果。这类学人的代表性人物是明朝的丘濬。

---

① 翟玉忠.性命之学：儒门心法新四书阐微.北京：中央编译出版社，2014：117.

丘濬（jùn）（1421—1495），明朝南海琼山县（今海南省琼山县）人。丘濬是明朝中期的著名官员和理学大家。他1454年中进士，景泰、天顺、成化、弘治四朝在京为官。弘治年间为官最高，出任户部尚书和武英殿大学士。丘濬聪明博学，勤于著述，有经世济民之志，一生著述颇丰，主要有《世史正纲》《朱子学的》《家理仪节》《大学衍义补》等，其中《大学衍义补》是丘濬的代表作。

《大学衍义补》一书的命名和内容与南宋后期理学家真德秀创作《大学衍义》有关。真德秀的《大学衍义》对《大学》中的八目（格物、知致、正心、诚意、修身、齐家、治国、平天下）中的前六目，运用古代经史资料进行详细阐发。为何真德秀没有阐发八目中的治国、平天下呢？真德秀认为：只要做到格物、知致、诚意、正心、修身、齐家，"则治国、平天下在其中矣。"[1]由此看来，真德秀觉得只要做好内圣修为，外王事功自然会实现。理学的内圣主要表现在个人心性修为和家庭家族治理上，更多的属于现在道德和伦理层次，真德秀认为只要做到格物致知诚意正心修身齐家，自然国治天下平，这明显是道德伦理万能主义，将道德伦理绝对化、神秘化为具有能够轻松处理包括治国平天下在内的一切问题的功能。

事实上，治国理政和修身齐家有本质的不同，需要更高的人生境界、更丰富的知识结构，更专业的技术能力等。治国理政所面对的问题远比修身齐家宏大复杂，比如治国理政需要减灾赈灾、基础设施建设、国家稳定安全、财政税收、各地区之间的平

---

[1] 真德秀.大学衍义卷首.诸子集成续编四.成都：四川人民出版社，1998：339.

衡、各阶层之间的协调等。没有相关的专业知识和能力，治理者很难治理好国家。

丘濬是理学家，自然不会认识到程朱理学的道德万能主义之误。但丘濬认识到了治国平天下的专业性，认识到格物知致诚意正心修身齐家的因，并不必然结出国治天下平的果。丘濬说："大学之教，既举其纲领之大，复列其条目之详，而其条目之中，又各有条理节目者焉。其序不可乱，其功不可阙。阙其一功，则少其一事。欠其一节，而不足以成其用之大，而体之为体，亦有所不全矣。然用之所以为大者，非合众小又岂能以成之哉？是知大也者，小之积也。譬则网焉，网固不止乎一目。然一目或解，则网有不张。譬则室焉。室固不止乎一榱，然一榱或亏，则室有不具。此臣所以不揆愚陋，窃仿真氏所衍之义，而于齐家之下又补以治国平天下之要也。"①

丘濬认识到治国平天下的重要性和专业性，他以《大学衍义补》一书，弥补理学在治国平天下方面的不足，从正朝廷、正百官、固邦本、制国用、明礼乐、崇教化、备规制、秩祭祀、慎刑宪、严武备、驭夷狄、成功化等十二个方面对治国平天下进行了推衍，这十二个方面基本涵盖了古代，尤其是明朝国家治理需要注意的基本问题。

明朝是中央集权国家，皇帝承担治理国家的最高责任，同时国家治理的质量决定着皇族的命运。如果治理不善，国家灭亡，大臣尚可以投降，而皇帝只有死路一条。所以明朝最关心国家治理的人是皇帝。《大学衍义》一书是明朝建立以来经筵的必读书，

---

① 丘濬.大学衍义补.北京：京华出版社，1999：2–3.

是明朝每一任皇帝的必修教材。皇帝十分清楚真德秀《大学衍义》的不足，皇帝又是最关心国家治理、切身体验到国家治理专业性复杂性的人。

成化二十三年（1487年），丘濬历经十余年完成《大学衍义补》的创作，他把书稿进献给明孝宗，明孝宗阅读之后，认为"考据精详，论述赅博，有补政治，朕甚嘉之"，令礼部"誊副本，发福建布政司著书坊刊行"①。明孝宗极为认可丘濬的著作，下令礼部组织力量刊行此书，颁发全国教育机构。据嘉靖《获鹿县志》记载，获鹿县学的生员人数是40人，县学藏书有《大学衍义补》20本，②人均两名县学生员就有一本《大学衍义补》，而《大学衍义》数量只有8本。在万历三十三年（1605年）内府再次刊印《大学衍义补》，万历皇帝亲自作序说："此书（指《大学衍义补》）尤补《衍义》（指《大学衍义》）之阙。朕将绅绎玩味，见诸施行，上遡祖宗圣学之渊源。且欲俾天下家喻户晓。用臻治平，昭示朕明德新民图治之意。"③可见明朝中央刊行《大学衍义补》颁发全国各级教育机构，目的在于培养未来的治国理政人才的专业知识与能力，而丘濬在理学框架内极力开掘《大学》的治国理政价值以满足时代需要，因而为肩负国家治理重任的皇帝高度关注和认可。虽然有丘濬的努力和皇帝的大力推广，但并没有改变程朱理学中《大学》以内修内圣为核心的主流趋势，而缺乏外王的内修内圣或者沦为空谈，或者沦为欺世盗名。而从《大学》学术思想史变迁来看，丘濬和明朝皇帝对《大学》治国理政

---

① 《明实录》《孝宗实录》.台北：中研院，1962：162.

② 赵惟勤.嘉靖获鹿县志.卷六学校，嘉靖三十五年刻本：64.

③ 丘濬.大学衍义补.北京：京华出版社，1999：2.

价值的开发认可和宣传是值得肯定的。

当代南怀瑾先生的《原本大学微言》是中国近现代研究传播《大学》的力作。南师自己以禅宗为根基，学通三教，著述等身。他向广大读者尤其是青少年读者推荐最应阅读的书籍是《论语别裁》和《原本大学微言》。南师在一次演讲中说："《论语别裁》是我很重要的一本书，另一本非常重要的是《原本大学微言》。诸位如果说对我很相信，请问《原本大学微言》读过吗？不要说读过，翻过吗？看得懂吗？"①可见南师自己对《原本大学微言》一书之重视。

笔者认为《原本大学微言》至少有三个特点：一是南师认为《大学》是培养大人之学。南师认为，《大学》的渊源当是《周易·乾卦·文言》中的"夫大人者，与天地合其德，与日月合其明，与四时合其序，与鬼神合其吉凶。先天而天弗违，后天而奉天时。天且弗违，而况於人乎？况於鬼神乎？"。南师通俗地解释道："凡有志于学，内修的功夫和外用的知识，皆能达到某一水准"的人，②可以称之为大人。南师说《大学》："在中国文化中，他是内圣外用之学。"完全不像宋儒所说是初学入门之书，而宋明理学将《大学》培养经世致用人才的功能彻底埋没。所以南师要正本清源。

二是南师在此书中对宋明理学进行了极有历史深度的反思和批判。文本上南师选用的是《礼记·大学》原文，没有采用朱熹的《四书章句集注》。南师批评程朱师心自用，不仅妄改《大学》原文，将"亲民"改为"新民"，还打乱《大学》原本的顺

---

① 南怀瑾.廿一世纪初的前言后语.上海：东方出版社，2013：100.
② 南怀瑾.原本大学微言.北京：世界知识出版社，1998：38.

序，"擅自改编《大学》次序"，①将《大学》分为十章，经一章，传九章。南师还指出朱熹对于《大学》关键概念解释错误。比如朱熹认为"明德"是"人所得乎天而虚灵不昧，以具众理而应万事者也"。南师根据佛教道教内修的实际经验评论道："虚灵不昧是心理上的一种境界，也可以说是意识形成的知觉和感觉心态，这是由父母所生以后的后天现象作用，说它是后天的作用还马马虎虎。如果说是父母未生以前的先天之性，就大有问题了。况且虚灵不昧是他从佛家禅宗和道家讲究心地做功夫的术语因袭而来的。庄子的'虚室生白，吉祥，止，止。'百丈禅师所讲的'灵光独耀'，甚至禅师们惯用的'一念明灵'，这些都是做静定修养功夫中，心理上所呈现的境界状态，怎么就硬塞进去，指定说这就是曾子所作《大学》明德的内义呢？"②

南师还说："我们最重要的结论是，朱子所说的'虚灵不昧'，只能说它是《大学》下文'止、定、安、静'求证功夫中的一种境界，不可以用它来诠释注解'明德'就是虚灵不昧。更不可以就把它当作人生天性原初的本体。"③在《原本大学微言》中，南师对宋明理学尤其是程朱的批评比比皆是。他批评宋明理学虽深受佛教道教启发反而攻击佛教道教，"一个知识分子的儒者，如二程夫子、朱熹先生等读书人，当时学了佛、道两家的学问修养，就回来反求诸己，重新打开孔家店，自立门户，也是无可厚非、情有可原的事。这些确实资料，你只要读读程、朱两家遗集，及明了历史变迁，就到处可见。但最不能

① 南怀瑾.原本大学微言.北京：世界知识出版社，1998：56.
② 南怀瑾.原本大学微言.北京：世界知识出版社，1998：64–65.
③ 南怀瑾.原本大学微言.北京：世界知识出版社，1998：63–64.

使人赞同的，明明是借了别家的资本，或者是偷用了别人的本钱，却又指着别人的大门大骂'异端'，实在令人齿冷，令人反而觉得假道学倒不及真小人了。"①孔子开创私学有教无类，宋明理学却将《大学》变作帝王之学，对此，南师评论道："'大学之道'，要教化社会上的人，上至天子，下及任何一个平民，都具有这种儒者的学问修养，才算是完成了一个国民人格的教育标准。如曾子所说，'自天子以至于庶人，一是皆以修身为本'，能吗？尤其从南宋以后，推崇尊敬程、朱之学的后儒，硬想把《大学》《中庸》变作帝王们的必读之书，必修之课，而且还要他们做到安静修心，不动心、不动情，学做想象中的尧、舜，岂不真到了迂腐不可救药的地步吗？"②"他（指朱熹）首先提出《大学》的'格物知致'为帝王之学，是为儒学出身的学者引起足以自豪的心态作祟罢了。"③可以说研究传播中华优秀传统文化的人，几乎没有像南师这样对程朱理学进行深刻批判和反思的人。

三是南师重点从经世致用治国理政的宏伟高度阐述《大学》思想。从《原本大学微言》的目录看，全书一共九篇，南师在第二篇《七证的修养功夫》中阐述了他对七证，即知、止、定、静、安、虑、得的研究，第三篇《内明之学》中重点讨论格物知致。这两篇内容属于内修。其余的第四篇《外用之学》、第五篇《内外兼修之道》、第六篇《齐家治国》、第七篇《治国平天下》、第八篇《儒学演化与国家发展》、第九篇《西方文化与

① 南怀瑾.原本大学微言.北京：世界知识出版社，1998：62.
② 南怀瑾.原本大学微言.北京：世界知识出版社，1998：157.
③ 南怀瑾.原本大学微言.北京：世界知识出版社，1998：618.

中国》都是从外王、从治国理政经世致用的角度阐述《大学》思想。

明朝丘濬的《大学衍义补》和南怀瑾先生的《原本大学微言》两书在儒家思想的研究与传播中虽然影响较大，但并不居于儒家思想研究的主流。虽然不居主流，两书却代表了儒家思想研究的发展趋势，反映了中国社会真正需要的是内圣与外王相互支撑能够促进社会进步的儒家文化，而不是将内圣外王打成两截，以内圣代替外王空谈心性伦理的假儒家。丘濬在理学框架内丰富《大学》的治国理政的外王思想。南怀瑾先生则捅破程朱理学对《礼记·大学》从文本到义理师心自用式的篡改，而在治国理政的外王阐述上采用经史结合的形式，使得《大学》的外王思想理解起来更加生动，通俗易懂又回味无穷。

实事求是地讲，在政治经济文化分工不发达的先秦时期，内圣的功夫可以直接影响外王。而在政治经济文化分工明确，社会经济文化生活高度发展复杂的近现代，以治国理政为主的外王除了需要内圣，还需要更加专业的知识和能力。上述两书就反映了这种趋势。

今天我们研究《大学》，研究儒家思想，需要走出历代因为种种原因对《大学》和儒家思想的误读，切实从治国理政的高度打通内圣、外王的关系，切忌将二者割裂开来，空谈内圣道德修养，这项工作正是我们的使命之所在。

二、《大学》"明明德" 含义的字义溯源

　　读书尤其是研读先秦经典，需先识字。本节中，主要根据先秦秦汉时期字书，解读《大学》"明明德"。我们将第一个"明"理解为实现、完成、成就；将第二个"明"理解为强盛、繁荣；将"德"理解为恩德、福佑、贡献。这样"明明德"的就可以翻译成：创造一个福泽众生、普惠人民的伟大事业。

　　朱熹《四书章句集注》中将"明明德"解释为："明，明之也。明德者，人之所得乎天，而虚灵不昧，以具众理而应万事者也。但为气禀所拘，人欲所蔽，则有时而昏；然其本体之明，则有未尝息者。故学者当因其所发而遂明之，以复其初也。"① 这明显是用佛教禅宗的心性论和修行方法解读"明明德"，是理学援佛入儒的明确表现之一。那么，《大学》明明德的含义是什么呢？我们试图从文字字义的角度解读《大学》"明明德"的含义。

---

　　① 朱熹撰，徐德明校点.四书章句集注.上海：上海古籍出版社，2001：4.

1."明明德"之第一个"明"的字义

朱熹将《大学》"明明德"的第一个"明"解释为"明之"，将其理解为动词，翻译成现代汉语是显明、彰明的意思。确如朱熹所说，"明"有显明、彰明的意思，而且是"明"的主要日常意思。郑玄和孔颖达也是将"明明德"的第一个"明"解释为显明、彰明，郑玄说："明明德，谓显明其至德也。"[①]孔颖达说："明明德者言，大学之道在于章明己之光明之德，谓身有明德而更张显之。"[②]从字义上说，朱熹将"明明德"的第一个"明"解释为动词性的明之，和郑玄、孔颖达有渊源关系。

"明"确实有显明、彰明之义，这个含义虽然常用，却不是其唯一常用的含义。如果考察先秦秦汉时期"明"的主要含义，我们会找到"明"的最佳含义。

《尔雅·释诂》中记载："功、绩、质、登、平、明、考、就，成也。"[③]据此，"明"有成就的意思。《尔雅》一书，成书于战国时期，西汉文帝时期中央便设《尔雅》博士，所以《尔雅》中的字义体现了中国文化春秋战国时期的思想。功、绩是人努力工作而实现的成就，"明"和功、绩是同义词，都有成的意思。"成"作为动词相当于现代汉语的实现、完成，作为名词则相当于现代汉语成就、功绩。所以，"明明德"的第一个"明"，若作为动词可以解释为实现、完成。《墨子·天文志》就在此种字义上运用"明"字，"然则何以知天之爱天下之百姓？以其兼

---

① 阮元.十三经注疏下册.礼记正义.北京：中华书局，1980：1673.
② 阮元.十三经注疏下册.礼记正义.北京：中华书局，1980：1673.
③ 阮元.十三经注疏下册.尔雅注疏.北京：中华书局，1980：2575.

而明之也。"①高亨认为"明"即"成"的意思,他说:"此处明字当训为成,言上天对于百姓皆使之成长与成就也。"②"明之",即实现天下百姓生活更好的目的。成书于战国的字典《尔雅》以"成"释"明",而成书于东汉的字典《说文解字》则以"照"释"明",③这反映出随着时代变迁,人们对于"明"字义的运用上的变化。时代越靠后,"明"的字义越以照明、显明、彰明为主。故,以"成"释"明"更接近《大学》一书的成书时代对明字义的认知。

2."明明德"之第二个"明"的字义

"明"的字义主要有三类,第一类表示实现、完成、功绩、成就等。第二类表示照亮、光明、明白、分辨、聪明等。第三类表示强盛、旺盛的意思。其中第二类字义是日常使用最多的字义。东汉许慎《说文解字》,郑玄、孔颖达注疏《礼记·大学》,朱熹作《四书章句集注》基本是在第二类含义上理解明字。前面我们已经对明字的第一类和第二类含义做了简介,下面我们介绍"明"的第三类含义。

《左传·哀公十六年》:"与不仁人争,明无不胜。"④王引之认为:"明,犹强也。"⑤并列举了先秦文献中"明"有强义的例子,《国语·周语》中的"滑夫二川之神,使至于争明,以妨王宫"和《管子·四时篇》中"风与日争明","明"都是作为"强"来

① 孙诒让.墨子间诂.北京:中华书局,2017:194.
② 高亨.高亨著作集林第六卷.北京:清华大学出版社,2004:32.
③ 许慎撰,段玉裁注.说文解字注.上海:上海古籍出版社,1981:314.
④ 阮元.十三经注疏下册.左传正义.北京:中华书局,1980:2177.
⑤ 王引之.经义述闻第三册.上海:上海古籍出版社,2018:1155.

使用的，这说"明"有"强"的含义。强的含义根据《汉语大字典》的解释犹强大、强盛、优越、好、甚、程度高等。①先秦秦汉时期"明"字还有盛的含义。《淮南子·说林训》："石生而坚，兰生而芳，少自其质，长而愈明。"高诱注，"明犹盛也。"②《论衡·道虚》中说："肤温腹饱，精神明盛。"③《论衡》中"明"的含义与盛相近，即旺盛的意思。根据《汉语大字典》，"盛"有壮、强大、丰盛、繁茂、繁荣等意思④。从上面所列强和盛的含义，二字在一定程度上相当于近义词，用来形容事物的强大、旺盛、繁荣等。

"明明德"的第二个"明"应该从强、盛等含义来理解更合适。因为"明德"之"明"是作为形容词而形容德的。

3. "明明德"之"德"的字义

郑玄、孔颖达没有在《礼记·大学》中解释"德"之字义，朱熹将"德"解释为"人之所得乎天，而虚灵不昧，以具众理而应万事者也。"朱熹很明显是在用佛教禅宗的心性论来解释"德"。要弄清"德"的含义我们还是从先秦秦汉时期的字书和相关文献入手为好。"德"的一个含义——有道德、品行、节操、有道德的人——最为常用，郑玄说："德，谓贤也。"⑤孔颖达说："德，德行也。"⑥品行高或贤德者的标准不能只看内心，而是根据

① 《汉语大字典》第二卷.成都：四川辞书出版社，1987：999–1000.
② 高诱注.淮南子.诸子集成第十册.石家庄：河北人民出版社，1986：298.
③ 王充.论衡.诸子集成第十一册.石家庄：河北人民出版社，1986：73.
④ 《汉语大字典》第四卷.成都：四川辞书出版社，1988：2562–2563.
⑤ 阮元.十三经注疏上册.周礼注疏.北京：中华书局，1980：848.
⑥ 阮元.十三经注疏上册.周易正义.北京：中华书局，1980：15.

对他人的帮助或对社会的贡献，所以比道德品行和贤德更深一层的含义是恩惠。南朝时期成书的字书《玉篇》解释说："德，惠也。"①"德"还有一个与恩惠相当的字义——福，北宋时期编纂的韵书《广韵》的解释："德，福也。"②《礼记·哀公问》记载鲁哀公和孔子的对话："哀公问曰：'敢问人道谁为大？'孔子愀（音qiǎo，忧戚义——笔者注）然作色而对曰：'君之及此言也，百姓之德也。'"郑玄注："德，犹福也。"孔颖达进一步解释说："言君今问此人道之大，欲忧恤于下，是百姓受其福庆。"③能让百姓受其恩惠和福庆，让人民的获得感幸福感提高，才是有道德和贤德者。《周易》和《庄子》更深层次上定义"德"，"天地之大德曰生"④，"物得以生谓之德"⑤。宇宙天地对万物最大恩惠和福佑就是孕育生化万物，让万物欣欣向荣，故楚简《五行》说："德，天道也。"⑥所以孕育生化万物，让人民生活幸福，才是最大的品行，才是有道德的人。

4."明明德"的含义

分别弄清"明""明""德"三个字的字义，就更容易清晰准确理解《大学》"明明德"的含义了。我们将第一个"明"理解为实现、完成、成就；将第二个"明"理解为强盛、繁荣；将

---

① 《汉语大字典》第二卷.成都：四川辞书出版社，1987：841.
② 《汉语大字典》第二卷.成都：四川辞书出版社，1987：842.
③ 阮元.十三经注疏下册.左传正义.北京：中华书局，1980：1611.
④ 阮元.十三经注疏上册.周易正义.北京：中华书局，1980：86.
⑤ 《百子全书》.《庄子》.杭州：浙江古籍出版社，1998：1358.
⑥ 翟玉忠.性命之学：儒门心法新四书阐微.北京：中央编译出版社，2014：43.

"德"理解为恩德、福佑、贡献。这样"明明德"的就可以翻译成：创造一个福泽众生、普惠人民的伟大事业。

如此理解"明明德"，应该比朱熹《四书章句集注》的理解更符合先秦时期的基本字义，也有助于扭转儒学泛道德化、玄学化的现实。

三、《大学》"明明德"含义的经典溯源

　　以字解经和以经解经要求我们从先秦质朴字义而非后世玄学化字义解释先秦儒家经典；以先秦思想背景和精髓而不是以后世佛教思想背景和精髓理解先秦儒家经典。用玄学化字义和佛教思想解读、理解先秦儒家经典是朱熹的擅长，以朱熹为集大成者的理学本质上是先秦儒学的佛教化。

　　儒家文化要返本开新、守正创新，必须先要澄清理学的影响。朱熹将《大学》"明明德"解释成明了那个"所得乎天，而虚灵不昧，以具众理而应万事"的"但为气禀所拘，人欲所蔽，则有时而昏"的本体之明，既不符合先秦时期的字义，更脱离先秦儒家思想背景和精髓。以字解经，即从先秦质朴字义溯源，前文已述："明明德"就可以翻译成：创造一个福泽众生、普惠人民的伟大事业。

　　以经解经，即从先秦儒家思想背景和精髓理解《大学》"明明德"的含义：《大学》中"古之欲明明德于天下者"即是说"明明德"就是"天下平"；再以《礼记·礼运》《大戴礼记》中的《主言》《五帝德》《盛德》等篇相印证和溯源，"明明德"即

是实现大同时代;"明明德"即是实现"人民不疾,六畜不疫,五谷不灾"的盛德时代。通俗而言"明明德"的含义就是推进伟大事业,实现伟大梦想。

朱熹《四书章句集注》,以复兴儒学的形式,打断儒家文化内圣外王的统一,将先秦儒家思想道德化、玄学化,极力鼓吹内圣,以内圣消解外王,造成先秦儒家文化济世精神的萎缩,理学也顺势成为腐朽的士绅阶层的意识形态。而朱熹对先秦儒家思想的误读在形式上表现为对先秦经典文字的错误解释,在思想上表现在解读《大学》《中庸》等经典时,完全漠视先秦时代儒家思想背景,照搬佛教禅宗思想。这在朱熹关于《大学》"明明德"的解释上极为显著。朱熹片面将"明德"理解为内在光明之德,将"明明德"理解为禅宗的明心见性,甚至主张以"明明德"为话头来参以求"明明德"。

要实现中华优秀传统文化的创造性转化和创新性发展,必须返本开新,守正创新。先秦儒家经典是中华优秀传统文化的源头活水,而以朱熹为集大成者的宋明理学将活脱脱的先秦儒学修正为酸腐的死水微澜,彻底窒息了先秦儒家思想的生命力,成为士绅阶层维护其利益的华丽烦琐说辞。为重新焕发先秦儒家生命力,我们必须剥掉宋明理学以士绅思想歪曲先秦儒家的画皮,方法之一是以字解经和以经解经。以字解经,用先秦朴素字义解释先秦经典,反对以玄学化字义解释先秦经典。以经解经是从先秦儒家经典的思想基础上理解"明明德",反对用禅宗思想曲解"明明德"。"明明德"就是《大学》所说的"天下平";南朝刘勰论创作说："论文必征于圣，窥圣必宗于经。"① 文学创作如此，研究弘扬先秦儒家思想更该如此，必须从先秦儒家思想的背景和精髓为根据。

佛教禅宗以教外别传，不立文字而著名，禅宗更主张"依经解义，三世佛冤。离经一字，如同魔说"②。这既是禅宗的特点，更是弘扬佛教文化的最高境界，不局限于经典，又不违背经典精髓。刘勰和禅宗对待经典的态度值得儒家文化研究弘传者深思，儒家思想的研究必须以先秦儒家经典为根据，而不是以理学为主。对于经典的解读必须以先秦儒家思想背景和精髓为根据，这种态度转化为具体的研究方法就是以字解经，以经解经，经史相参等。我们可以采用以经解经的方法，从先秦儒家思想背景和精髓的角度解读《大学》"明明德"的含义。

1.以《大学》"古之欲明明德于天下者"章理解"明明德"的含义

《大学》开篇明示"大学之道，在明明德，在亲民，在止于至善"，又介绍八目："古之欲明明德于天下者，先治其国。欲治其国者，先齐其家。欲齐其家者，先修其身。欲修其身者，先正其心。欲正其心者，先诚其意。欲诚其意者，先致其知，致知在格物。物格而后知致，知致而后意诚，意诚而后身修，身修而后家齐，家齐而后国治，国治而后天下平。"

翟玉忠老师这样分析八目的关系："这八个次第，实际包括'内修'和'外治'两部分，格物、致知、诚意、正心是'内

---

① 刘勰著，郭晋稀注译.文心雕龙注译.兰州：甘肃人民出版社，1982：18.
② 赜藏.古尊宿语录.北京：中华书局，1994：9.

修'，齐家、治国、平天下是'外治'，中间为'修身'，其连接内修、外治。"①治国平天下为外治外王，格物致知等为内修内圣，"古之欲明明德于天下者，先治其国"，明明德当然属于外治外王。朱熹把"明明德"曲解为内修内圣。他说："明，明之也。明德者，人之所得乎天，而虚灵不昧，以具众理而应万事者也。但为气禀所拘，人欲所蔽，则有时而昏；然其本体之明，则有未尝息者。故学者当因其所发而遂明之，以复其初也。"②通俗而言，朱熹理解的"明明德"就是人要体认内心本有的、被生理功能欲望所拘蔽的具众理应万物的光明之性，类似禅宗的明心见性。很明显朱熹理解的"明明德"根本不是外治外王，而是内修内圣，他完全颠倒了内修外治的关系，是对《大学》八目次第的严重曲解。

《大学》交代八目时，先从最高目标"欲明明德于天下者"开始，逐渐向下提出具体的手段，治国、齐家、修身、正心、诚意、致知、格物。又从具体手段向上推导到最高目标，即物格、知致、意诚、心正、身修、家齐、国治、天下平。对最高目标有两种表达，一是明明德于天下，一是天下平。故根据《大学》文本，明明德于天下者就是天下平。故可以断言"明明德"的含义是天下平或平天下，绝不是朱熹所说的明其本有之明，以复其初。

---

① 翟玉忠. 性命之学：儒门心法新四书阐微. 北京：中央编译出版社，2014：125–126.

② 朱熹撰，徐德明校点. 四书章句集注. 上海：上海古籍出版社，2001：4.

2.以《大学》"所谓平天下在治其国者"章理解《大学》"明明德"含义

《大学》一文在叙述了三纲八目后，依此对八目进行适度展开讨论。这就是《大学》中的"所谓诚其意者""所谓修身在正其心者""所谓治国必先齐其家者""所谓平天下在治其国者"四章，分别论述诚意、正心修身、齐家治国、治国平天下。"所谓平天下者在治其国"章对"德"加以论述，而其他属于内修的"所谓诚其意者""所谓修身在正其心者""所谓治国必先齐其家者"三章没有讨论"德"。很明显，《大学》文本在属于外治外王的"所谓平天下在治其国者"章讨论"德"，恰恰说明"明明德"属于外治外王，而朱熹将"明明德"理解为内修内圣不符合《大学》文本。

此章关于论"德"的最重要部分"是故君子先慎乎德。有德此有人，有人此有土，有土此有财，有财此有用。德者本也，财者末也，外本内末，争民施夺。是故财聚则民散，财散则民聚。是故言悖而出者，亦悖而入；货悖而入者，亦悖而出。"

据此看来，"德"不是脱离现实政治经济的纯粹个人心性道德问题，"德"和人、土、财紧密联系在一起。

朱熹专门注释"君子先慎乎德"的"德"是"明德"，他说："先慎乎德，承上文不可不慎而言。德，即所谓明德。"[①] 按照朱熹的解释，"君子先慎乎德"就是君子先要明明德，先明心见性，只要明心见性，人口、土地、金钱就会滚滚而来。品味朱熹的话，真有点像传销大师，只要明明德，啥问题就全能解决，啥东

---

① 朱熹撰，徐德明校点.四书章句集注.上海：上海古籍出版社，2001：13.

西都能正搞到手，好像"明明德"是万金油和百宝囊。在朱熹眼里，君子只有成为只会空谈作秀的道德家和宗教家，才能拯救黎民于水火。

"德"在这里根本不是朱熹等理学家所鼓吹的明德，而是恩惠、福佑和生化等意思，据此义，"君子先慎乎德"一段是说：君子治理国家最应重视的首要问题是维护人民利益、增进社会福利；只有这样，才能赢得人民的拥护和忠诚；有人民的支持，才能守土开边，保证社会和谐和国家安全；在和谐安全的国内外环境下，财富会不断被人们创造出来；将财富用以推进社会进步和人民幸福的事业才是合理使用财富。创造积蓄财富是手段，用之于民、造福于民，是治国的根本。以积蓄占有财富为目的，忘却人民的利益，便会失去人民的拥护。这段话以君子慎乎德为核心，主张辩证处理德、财的关系。慎乎德就是明明德，明明德就要将财富用之于民，提高人民福祉。所以明明德是增进人民幸福之义，哪里是朱熹所说的明虽然本有，却被拘蔽的内心的光明呢？

3.从《礼记·礼运》理解《大学》"明明德"的含义

《大学》是《礼记》之四十二篇，《礼运》是《礼记》之九篇。从二文在《礼记》中的篇次看，《礼运》要比《大学》重要，从内容上说，《礼运》同样比《大学》更能体现先秦儒家的核心思想。司马谈分析先秦学术说："夫阴阳、儒、墨、名、法、道德，此务为治者也。"先秦学术十分丰富，而上述六家都以经邦济世治国理政为核心。《礼运》以大同和小康为题，明确了先秦儒家思想的治国理政目标。

《礼运》中的大同小康时代，是孔子的理想，"大道之行也，与三代之英，丘之未逮也，而有志焉。"①大同时代是这样的："大道之行也，天下为公。选贤与能，讲信修睦。故人不独亲其亲，不独子其子；使老有所终，壮有所用，幼有所长，矜寡孤独废疾者皆有所养；男有分，女有归。货恶其弃于地也，不必藏于己；力恶其不出于身也，不必为己。是故谋闭而不兴，盗窃乱贼而不作，故外户而不闭。是谓'大同'。"②大同时代的治国理念是天下为公，治理方式是贤能共治。大同时代最显著的特点是人有所教，人有所用，人有所养，没有任何阶层和成员被抛弃，受剥削。这是一个全民劳动、全民创造、全民共享的时代，这不正是天下平吗！所以《大学》"明明德"就是《礼运》的大同时代。

朱熹为什么没有将《礼记·礼运》选择出来而作《四书章句集注》或《五书章句集注》呢？原因之一是《礼运》中大同小康表述清晰明确朴素，没有给朱熹留下进行玄学化、道德化的曲解余地。而《大学》中的格物、致知、诚意、正心等内修内圣内容，适合朱熹对先秦儒家经典进行玄学化、道德化、心性化解释，为朱熹援佛入儒提供了方便。

4.从《大戴礼记·主言》理解《大学》"明明德"的含义

《大戴礼记》的编纂者是戴德、《小戴礼记》的编纂者是戴圣，二人是叔侄关系，戴德是叔叔，戴圣是侄子。叔叔编纂的《礼记》称为《大戴礼记》，侄子编纂的《礼记》称为《小戴礼记》。他们同时师从当时礼学的传播者后仓习礼，并各自编纂了

---

① 阮元.十三经注疏下册.礼记正义.北京：中华书局，1980：1413.
② 阮元.十三经注疏下册.礼记正义.北京：中华书局，1980：1414.

《礼记》。两版礼记的内容略有不同，《小戴礼记》中关于心性修养的内圣方面文章和具体礼仪、礼器的多于《大戴礼记》，《大戴礼记》中治国理政方面的文章多于《小戴礼记》。《小戴礼记》的读者群更广，适合众多士绅的口味，《大戴礼记》则适合伟大政治家的需要。由于士绅阶层的壮大，《小戴礼记》更为流行，《大戴礼记》研读者传承者少，其中多篇文章散佚。《大戴礼记》关于儒家政治论述较多，不少篇章有助于人们理解《大学》的"明明德"。

《大戴礼记·主言》以孔子和曾参对话的形式讨论优秀君主如何治国理政才能达到国治天下平。孔子说："道者，所以明德也；德者，所以尊道也。是故非德不尊，非道不明。虽有国焉，不教不服，不可以取千里。虽有博地众民，不以其地治之，不可以霸主。是故昔者明主内修七教，外行三至。七教修焉，可以守；三至行焉，可以征。七教不修，虽守不固；三至不行，虽征不服。是故明主之守也，必折冲于千里之外；其征也，衽席之上还师。是故内修七教而上不劳，外行三至而财不费，此之谓明主之道也。"[①]

这是《大戴礼记·主言》的核心内容，文中道是七教、三至等治国方法，德是国内治理安定团结，对外能折冲于千里之外，维护稳定大局。孔子认为七教和三至是实现国内安定团结和地区稳定的方法，国内外的安定繁荣说明七教、三至方法的正确。明德之义是通过七教三至等方法，以很低的治理成本，上不劳、财不费，实现国内外的安定繁荣。《大戴礼记·主言》中的"明德"

---

① 王聘珍.大戴礼记解诂.北京：中华书局，1983：2.

是《大学》"明明德"的简称，故《大学》"明明德"不是朱熹所说的明了本有被拘蔽的虚灵不昧的心性，而是通过适当方法实现社会安定、人民幸福和地区和平。

5.从《大戴礼记·五帝德》理解《大学》"明明德"的含义

《大学》主张"君子先慎乎德"，即君子应该将建功立业，造福社会与人民放在首位，不是朱熹说的君子应该首先明了内在的本有的被拘蔽的光明之性。《大戴礼记·五帝德》以孔子回答弟子宰我提问的形式介绍了黄帝、颛顼、尧、舜、禹的能力、事功，歌颂五帝促进文明进步，造福广大人民的伟大事业。《大戴礼记·五帝德》中孔子对尧和禹的介绍文字相对通俗，在此引用孔子对黄帝和大禹的介绍，以窥《五帝德》之全貌：

> 孔子曰："黄帝，少典之子也，曰轩辕。生而神灵，弱而能言，幼而慧齐，长而敦敏，成而聪明。治五气，设五量，抚万民，度四方；教熊罴貔豹虎，以与赤帝战于版泉之野，三战然后得行其志。黄帝黼黻衣，大带黼裳，乘龙扆云，以顺天地之纪，幽明之故，死生之说，存亡之难。时播百谷草木，故教化淳鸟兽昆虫，历离日月星辰；极畋土石金玉，劳心力耳目，节用水火材物。生而民得其利百年，死而民畏其神百年，亡而民用其教百年，故曰三百年。"①
>
> 宰我曰："请问禹。"孔子曰："高阳之孙，鲧之子也，曰文命。敏给克济，其德不回，其仁可亲，其言可信；声为

---

① 王聘珍.大戴礼记解诂.北京：中华书局，1983：117–118.

律，身为度，称以上士；疊疊穆穆为纲为纪。巡九州，通九道，陂九泽，度九山。为神主，为民父母；左准绳，右规矩；履四时，据四海；平九州，戴九天，明耳目，治天下。举皋陶与益，以赞其身，举干戈以征不享、不庭、无道之民；四海之内，舟车所至，莫不宾服。"[1]

《五帝德》主要介绍五帝处理各种问题的能力，以及政治、军事、经济、科技各方面取得的功业和人民对他们的爱戴和尊敬。何为五帝德？五帝的能力、功业和贡献就是五帝德，即五帝的功德。君子慎其德，君子要像五帝一样，以建功立业和造福人民为本职。明明德就要以五帝为楷模，扫除文明进步的障碍，促进社会发展，提高人民福祉。五帝之德是实实在在的能力、事功和贡献，哪里有朱熹说的"人之所得乎天，而虚灵不昧，以具众理而应万事者也。但为气禀所拘，人欲所蔽，则有时而昏；然其本体之明，则有未尝息者"之类的虚无缥缈，玄而又玄的东西。

6.从《大戴礼记·盛德》理解《大学》"明明德"的含义

《大戴礼记·盛德》说：

"圣王之盛德；人民不疾，六畜不疫，五谷不灾，诸侯无兵而正，小民无刑而治，蛮夷怀服。古者天子常以季冬考德，以观治乱得失。凡德盛者治也，德不盛者乱也；德盛者

① 王聘珍.大戴礼记解诂.北京：中华书局，1983：124–125.

得之也，德不盛者失之也。是故君子考德，而天下之治乱得
失，可坐庙堂之上而知也。德盛则修法，德不盛则饰政，法
政而德不衰，故曰王也。[①]

这段话同样有助于我们理解《大学》"明明德"。人民不疾、
六畜不疫，五谷丰登，社会和谐，世界和平，是圣王治理国家的
理想，也是考察治国理政的指标。每年冬季天子要用依此考察治
理效果，只有达标，才是名副其实的圣王。"凡德盛者治也，德
不盛者乱也；德盛者得之也，德不盛者失之也。是故君子考德，
而天下之治乱得失，可坐庙堂之上而知也。"

德盛者治，德盛即是国治天下平，现实指标就是"人民不
疾，六畜不疫，五谷不灾，诸侯无兵而正，小民无刑而治，蛮夷
怀服"。在圣王的治理下，没有严重的天灾人祸，天下太平，人
民安居乐业就是国治天下平，就是明明德于天下。在这里我们根
本看不到朱熹所说什么虚灵不昧、本体之明的影子。

7. 关于理学歪曲先秦儒家思想的分析

朱熹作《四书章句集注》，选出《大学》《中庸》《论语》《孟
子》作为儒家经典以传播儒家文化，客观上使得儒家经典更加精
练简洁，有利于儒家文化的传播。《四书章句集注》解释对象虽
为先秦经典，朱熹却以集注的形式将先秦儒家思想玄学化、道德
化，朱熹以研究和传播先秦儒学为表象，本质上是在研究和传播
理学。

---

① 王聘珍.大戴礼记解诂.北京：中华书局，1983：142.

理学是什么？就是先秦儒学的佛教化。朱熹青少年时代就对佛教产生浓厚兴趣，并下大功夫参禅修行。他多次表白自己"出入于释老者十余年"①，"驰心空妙之域者二十余年"②。直到25岁，师从李侗后，才对儒家经典产生兴趣。"时年二十四五矣，始见李先生。与他说，李先生只说不是。某却倒疑李先生理会此未得，再三质问。李先生为人简重，却是不甚会说，只教看圣贤言语。某遂将那禅来权倚阁（倚阁，搁置，暂停——笔者注）起。意中道，禅亦自在，且将圣人书来读。读来读去，一日复一日，觉得圣贤言语渐渐有味。却回头看释氏之说，渐渐破绽，罅漏百出！"③

朱熹看到佛教的破绽，并非是认识到佛教的破绽，而是认识到佛教和儒家思想的差异——即佛教否定承担社会责任，通过修行追求个人解脱，而其他佛教思想朱熹照单全收。朱熹不从先秦素朴字义，也不从先秦儒家经典思想背景，以字解经，以经解经，更不用说经史相参了。他并不理解和体认先秦儒家经典的原本含义和思想，而是援佛入儒，将先秦儒学佛教化。

我们以字解经、以经解经，不是要批评朱熹和理学，以逞个人小慧，而是要澄清被理学歪曲了的先秦儒家思想。朱熹等理学家们将先秦儒学改造为理学，从形式上是创新，但这一创新不是返本开新，不是守正创新，而是剑走偏锋，将先秦儒学引向歧途死路。

---

① 《晦庵集》《文渊阁四库全书》第1144册.上海：上海古籍出版社，2012：92.

② 《晦庵集》《文渊阁四库全书》第1144册.上海：上海古籍出版社，2012：92.

③ 黎靖德.朱子语类第七册.北京：中华书局，1986：2620.

先秦儒家和墨家法家一样"务为治",以治国平天下为目标与准则,以朱熹为集大成者的理学则将修身齐家为目标与准则。治国平天下要求主流阶层必须承担起对社会发展和全体人民的责任,而修身齐家则让士绅地主阶层推卸掉治国平天下的责任,只追求和维护自身的利益。理学反对佛教,却将儒学变成了士绅地主阶层的宗教。理学反对佛教的出世修行,却将士绅地主阶层维护追求阶层利益独大的行为美化为修行。理学家们追求诚意正心,却在诚意正心的幌子下欺上瞒下,垄断乡曲,巧取豪夺。理学家主张格物致知,在处理国家政治经济军事外交上的表现则是除了要求皇帝作仁君,攻击改革之臣好事之外,提不出任何有价值可操作的建议。

两宋之前,中国古代的地主阶级主要是军功地主阶层和豪强地主阶层,军功地主阶层凭武力安身,豪强地主凭经济实力立命。由于生产力的发展,两宋以后,军功地主阶层和豪强地主阶层萎缩,士绅地主阶层逐渐壮大起来。士绅地主阶层的显著特点是缺乏武装力量、经济实力不如豪强地主、人数众多、文化水平高,他们不靠武装力量和经济实力,而是靠文化权力安身立命,任何一个政权的建立和巩固都需要赢得士绅地主阶层的支持。元朝以后,代表士绅地主阶层利益的理学成为垄断朝野的官方意识形态,科举制度为士绅地主阶层的文化权力做了制度安排,士绅地主阶层通过理学和科举制牢牢掌握话语权和选举权,理学成为士绅地主阶层维护阶层利益的工具。近代以来,新儒学的兴起则是理学在近现代大变局中的垂死挣扎。中华优秀传统文化的创造性转化和创新性发展,绝不能以行将就木的理学为起点,而应以先秦儒家思想为起点,只有这样才能返本开新、守正创新。

四、《大学》之"至善"即《中庸》之"明强"

程朱理学不尊重先秦儒家经典的文字含义和思想背景，师心自用，以神秘化、玄学化的方式诠释先秦儒家经典，将"务为治"为宗旨的先秦儒学修正为以修身养性的理学。比较理学家对《大学》之"至善"的解读与"至善"本义的差异，不但使我们具体而微的认识到程朱理学如何歪曲先秦儒家经典，更能引导我们突破理学玄学化的迷雾，认识先秦儒学的本来面目。

关于"至善"，《中庸》与《大学》分别从人和事的角度加以讨论。《大学》认为通过格物致知，即知止、定、静、安、虑、得六个次第，便可以获得真知，掌握事物发展的内在规律，这便是止于"至善"。《中庸》则从人能力提高的角度讨论"至善"，《中庸》认为通过择善固执的五次第，即持久不懈地博学、审问、慎思、明辨、笃行，人便可从愚弱达"明强"。《大学》之"至善"和《中庸》之"明强"是一个问题的两个方面，只有获得真知、掌握规律，才有能力正确解决矛盾，促进事物向积极方向发展。善的其他含义，如美好、吉祥等都是从《大学》

之获得真知、掌握规律和《中庸》的"明强"衍生而来。而程朱理学只是将"善"解释为好，将"至善"解释为极好，理学的解释距离先秦"至善"的核心含义差距太大，仅仅是停留在善的衍生含义上。

先秦儒学自秦汉以来开始了士绅化进程。古代士绅阶层极力将先秦儒学歪曲为士绅阶层的安身立命之学，垄断话语权以对抗中央集权和其他阶层。程朱理学标志着先秦儒学士绅化的完成，而许慎、郑玄等经学家则是先秦儒学士绅化的开创者，他们通过编辑字典、注疏经典的隐微巧妙方式对先秦儒学进行士绅化修正。只有一些非主流字书，如东汉末期《释名》和南朝顾野王的《玉篇》仍然保留着善的本义。

《大学》"三纲"指明明德、亲民和至善。"至善"的含义是什么仍有必要讨论，原因在于宋明理学的集大成者朱熹对"至善"的理解完全脱离了《大学》原文和先秦时期儒家关于"至善"认识的思想背景。

后来朱熹成为偶像，《四书章句集注》成为权威，朱熹对"至善"的理解，理学家当然认为是正确的，但是理学家的"正确"是建立在对《大学》"至善"的歪曲之上。在思想文化的创新上，有意或无意的误读经常发生。朱熹以及宋明理学的错误在于他们将自己的误读当成唯一正确的解读，只有他们的解读忠于孔子、子思、曾子、孟子，本来宋明理学对先秦儒家的解读完全不忠于原文，不忠于先秦儒家的核心思想，而是援佛教、道教入儒，使儒家佛教化、道教化，由以治国理政为中心，堕落为以修身养性为中心。这相当于将孔子等先秦儒家改造成为佛教和道教教主。

1. 程颐和朱熹将"至善"神秘化、玄学化

程颐这样解释《大学》的"至善"，他说："'止于至善'，'不明乎善'，此言善者，义理之精微，无可得名，且以至善目之。"①程颐对"至善"的议论不多，却将"至善"神秘化，认为"至善"不可言说。先秦思孟学派的作品楚简《五行》中说："善者，人道也；德，天道也。"②如果说天道不可言，尚可理解，程颐却认为属于人道的善"无可得名"，很明显是在将人道之善神秘化、玄学化。

朱熹沿着程颐玄学化的方向，走得更远。在《四书章句集注》中，朱熹系统解释了"至善"，他说："止者，必至于是而不迁之意。至善，则事理当然之极也。言明明德、新民，皆当至于至善之地而不迁。盖必其有以尽夫天理之极，而无一毫人欲之私也。"③在朱熹那里，"明明德"的含义类似佛教禅宗的明心见性，"至善"就是自己先明明德，明心见性，更进一步，要让天下万民都"明明德"，都明心见性。很明显这是不可能的。将人道之善无限拔高为不能实现的让天下万民都明心见性，表面上是赋予人道之善以天道的价值，实质是蔑视天道，无视天理。

朱熹对"至善"更加通俗、更加道学化的论述保留在《朱子语类》中，现引数条：

---

① 《二程集》卷十五.伊川先生语.北京：中华书局，1981：170.
② 翟玉忠.性命之学：儒门心法新四书阐微.北京：中央编译出版社，2014：43.
③ 朱熹撰，徐德明点校.四书章句集注.上海：上海古籍出版社，2001：4.

至善，犹今人言极好。

凡曰善者，固是好。然方是好事，未是极好处，必到极处，便是道理十分尽头，无一毫不尽，故曰至善。

至善是极好处。且如孝：冬温夏清，昏定晨醒，虽然是孝的事，然须是能"听于无声，视于无形"，方始是尽得所谓孝。

至善是个最好处。若十件事做得九件是，一件不尽，亦不是至善。

说一个"止"字，又说一个"至"字，直是要到那极致处而后止。故曰："君子无所不用其极也。"①

朱熹将善解释为好，将"至善"解释为极好，有助于人们通俗地理解。但他将善解释为好，"至善"解释为极好，只是从善最表面最皮相的层面理解善，远远没有深入善的本义。人人都想将事情做好，仅凭愿望就能将事情做好吗？仅凭愿望是做不好事情的，俗语说，临渊羡鱼，不如退而结网。做好事情，不仅要有愿望，更要有能力。要有能力，就要研究所处的环境和问题，发现事物演变的内在规律。

朱熹极力夸大善和"至善"的差别，只有将事情做到十全十美才是至善，他以无限拔高至善的形式否定善，既然只有做到十全十美才叫做"至善"，而人又很难做到十全十美，那么"至善"就可望不可及。千里之行始于足下，九层之台起于垒土。"至善"本是积少成多的渐进过程。"至善"既然可望不可及，那就不需

---

① 黎靖德.朱子语类第一册.北京：中华书局，1986：267-268.

要"足下"和"垒土"了。还有朱熹用孝行举例说明善和"至善",孝敬老人只是日常人生活动的义务之一,而非全部,能够做到"冬温夏清,昏定晨醒"已经难得了,因为为了生活,还要从事各种生产和生活的劳作。朱熹则说只有"听于无形,视于无声",即每时每刻都把老人放在心上,才算是尽孝。像朱熹说的尽孝,事实上是不可能的。学习的时候想着老人,怎么学习?劳作的时候想着老人,怎么劳作?朱熹编撰《四书章句集注》,应知道《孟子》中的奕秋因为专心致志才成为通国之善奕者,人怎能一心二用呢?

朱熹虽然将善、"至善"和日常生活联系起来,而日常生活中人们又做不到朱熹所主张的"至善",所以朱熹所说的"至善"依然是将其神秘化、玄学化,只是朱熹的神秘化、玄学化更具欺骗性和迷惑性而已。

2."善"的核心含义溯源

善固然有好的意思,但这不是善的核心含义,只是通俗含义。许慎解释善为吉义,"善,吉也"[①],比许慎更进一步,略晚于许慎的刘熙将善的核心字义揭示了出来。刘熙所著《释名·释言语》对善的解释最为深刻,"善,演也,演尽物理也。"[②]他是说:善的意思是演,演指事物按其自身规律发展达到良好效果。刘熙以演释善,关于演字,《国语·周语》上说:"水土演而民用也,水土无所演,民乏财用,不亡何待?"韦昭注:"水土气通为

---

① 许慎撰,段玉裁注.说文解字注.上海:上海古籍出版社,1981:102.
② 刘熙.释名.北京:中华书局,2016:50.

演。"①农业是中国古代主要产业，农业生产需要适当的水土条件。土壤适当的温度、湿度和肥力决定着农作物的生长和收成，故有"水土演而民用也"。这里，演有农作物生长所需适当环境以及农作物的生长的意思。刘熙对演的解释也有生长的意思，"演，延也，言蔓延而广也。"②演是形声字，"氵"表形，"寅"表声表义。适当的水分为植物生长所必须，而寅有生长的意思。所以理解寅的含义对理解演的意思极有帮助。成书不晚于西汉的《尔雅》以进释寅，"寅，进也。"③许慎认为进有登义，"进，登也。"④南朝时期顾野王编纂的字书《玉篇》说："进，前也，升也，登也。"⑤通俗而言，寅有向前发展的含义。东汉末年刘熙对寅的解释与善十分接近，《释名》说："寅，演也，演生物也。"⑥南朝时期的顾野王以强释寅，"寅，强也。"⑦事物发展变得更强，完全符合逻辑。

《史记》等文献也是从生发的角度使用"寅"字，"黄钟者，阳气踵黄泉而出也。其于十二子为子。子者，滋也。滋者，言万物滋于下也。大吕，其于十二子为丑。丑者，纽也。言阳气在上未降，万物厄纽未敢出也。泰蔟（cù），言万物蔟生也，故曰泰蔟。其于十二子为寅，寅言万物始生螾然也，故曰寅。"⑧秦汉时期的字书和经典文献都是从生发、发展的角度理解寅字，我们从

① 《国语》上册.上海：上海古籍出版社，1978：27.
② 刘熙撰.释名.北京：中华书局，2016：49.
③ 阮元.十三经注疏下册.尔雅注疏.北京：中华书局，1980：2573.
④ 许慎撰，段玉裁注.说文解字注.北京：中华书局，1981：71.
⑤ 王平编著.宋本玉篇.标点整理本.上海：上海书店出版社，2017：166.
⑥ 刘熙.释名.北京：中华书局，2016：4.
⑦ 王平编著.宋本玉篇.标点整理本.上海：上海书店出版社，2017：460.
⑧ 司马迁.史记.北京：中华书局，1982：1244-1245.

此角度理解善字，善的核心字义和寅相似，《释名》对善的解释是"演也，演尽物理也"，对寅的解释是"演也，演生物也"。

所以事物按照其内在规律向积极的方向发展才是善的核心含义。事物按其内在规律向积极的方向发展，就是演生物也，演尽物理也，事物朝着积极方向发展，就会更加壮大，故寅有强的含义。同样事物按其内在规律发展当然是美好、吉祥，故善所具有的好、吉等含义都是基于演尽物理，演生物而衍生而来的。

早于《史记》的先秦儒家经典在运用善字时多着重于美好的事物的发展，不局限于美好吉祥的含义，更重视发生发展的含义。如"元者，善之长也"，元是一切美好事物生发的开始。孔颖达对此理解得比较准确，"天之体性，生养万物。善之大者，莫善施生。元为施生之宗，故言，元者善之长也。"[①]"一阴一阳之谓道，继之者善"，阴阳是事物发展变化的主要影响因素和动力，朝着积极的方向发展就是善。孔颖达说："继之者善也者，道是生物开通，善是顺理养物，故继道之功者，唯善行也。"[②]"可欲之谓善，有诸己之谓信。充实之谓美，充实而有光辉之谓大，大而化之之谓圣，圣而不可知之之谓神。"[③]人们追求的美好的理想的成果就是善。所以朱熹以好释善乃皮相之谈，远没有涉及善的核心字义。

3.《大学》之"至善"即《中庸》之"明强"

《大学》说："大学之道，在明明德，在亲民，在止于至善。"

---

① 阮元.十三经注疏上册.周易正义.北京：中华书局，1980：15.
② 阮元.十三经注疏上册.周易正义.北京：中华书局，1980：78.
③ 阮元.十三经注疏下册.孟子注疏.北京：中华书局，1980：2775.

大学教育的目的是培养圣贤，实现福泽众生、造福人民的伟大事业。要实现这个目标，取决于能够为了人民、发动人民、依靠人民，进行深入广泛彻底的社会实践。能否成功进行广泛深刻的社会实践，取决于是否真正研究掌握事物发展的内在规律，遵照内在规律，解决实际问题。"止于至善"是"明明德"的起点和入手，要解决问题，就要了解现实，研究问题，弄清事物发展的内在规律；善是演尽物理，演生物，即事物发展的内在规律。《大学》的止于至善，即获得真知、掌握规律，以指导人生实践。《大学》在叙述"三纲"之后，紧接着交代了"止于至善"，获得义理、真知，掌握规律的方法，即"知止而后有定，定而后能静，静而后能安，安而后能虑，虑而后能得。物有本末，事有终始，知所先后，则近道矣"。其实这是格物知致的六次第，通过知、定、静、安、虑、得，明白其本末、始终和先后，全面认识事物发展的规律，到此境界，内圣上可以坚定信念，刚大弘毅，外王上可以实事求是，因地制宜，提出方案，解决问题。

《大学》的"止于至善"主要强调研究和掌握事物发展的内在规律，用以指导修齐治平，实现颐养天下的目标。《中庸》则从人自身能力的角度强调讨论善：

> 凡事，豫则立，不豫则废。言前定，则不跲。事前定，则不困。行前定，则不疚。道前定，则不穷。在下位不获乎上，民不可得而治矣。获乎上有道，不信乎朋友，不获乎上矣。信乎朋友有道，不顺乎亲，不信乎朋友矣。顺乎亲有道，反诸身不诚，不顺乎亲矣。诚身有道，不明乎善，不诚乎身矣。

诚者，天之道也。诚之者，人之道也。诚者，不勉而中，不思而得，从容中道，圣人也。诚之者，择善而固执之者也。博学之，审问之，慎思之，明辨之，笃行之。有弗学，学之弗能，弗措也。有弗问，问之弗知，弗措也。有弗思，思之弗得，弗措也。有弗辨，辨之弗明，弗措也。有弗行，行之弗笃，弗措也。人一能之，己百之。人十能之，己千之。果能此道矣，虽愚必明，虽柔必强。

《中庸》此段内容讨论善，根据此段中"凡事，豫则立，不豫则废。言前定，则不跲。事前定，则不困。行前定，则不疚。道前定，则不穷""诚者，不勉而中不思而得，从容中道，圣人也"等言，可以看出《中庸》从能力、擅长的角度运用善字。如果能力欠缺，根本做不到"凡事，豫则立，不豫则废。言前定，则不跲。事前定，则不困。行前定，则不疚。道前定，则不穷"，更不用说什么"不勉而中，不思而得，从容中道"了。

为提高自身能力，就要择善固执。具体方法是博学、审问、慎思、明辨、笃行。只要明确知晓自己所应掌握或提高的能力，为获得和提高此项能力，坚持不懈地博学、审问、慎思、明辨、笃行，终究会达到自我提高的目的，即"果能此道矣，虽愚必明，虽柔必强"。从认识自身能力需要提高，到能力确实已经提高到"明强"的水平，就是从明善达到至善，故《中庸》的"明强"即《大学》的"至善"。

《大学》的"至善"和《中庸》的"明强"同义，二文分别从人的能力和事物发展两个角度讨论"至善"。《大学》着重于事物发展规律而言"至善"，故有"物有本末，事有终始，知所先后，则近道矣"之言，《中庸》着重于人的能力而言"至善"，故有"果能此道矣，虽愚必明，虽柔必强"。二者是一个问题的两个方面，脱离解决现实问题的能力根本不存在，而解决现实问题的能力又离不开对现实的深入研究，离不开对事物发展规律的把握。通过学习思考，深入实践，调查研究，才能真正认识事物、掌握规律，从而提高能力，创造性地解决问题。正确处理问题，使事物向积极方向发展，才谈得上美好、吉祥和正确。所以善的美好吉祥等含义是从掌握演尽物理的规律和明强的含义衍生而来的。在理解《大学》的"至善"时，我们要避免将美好、吉祥等衍生含义作为核心含义，以至于由此将《大学》等经典庸俗化，将《大学》当作劝善之书。

司马谈在《论六家要旨》中早就认识到儒家、法家、墨家等虽然主张不同，都"务为治"——服务于社会治理。《大学》更明确了修齐治平的主张，因为程朱理学对《大学》文本的误读，将以"务为治"的儒家修正为只明理只讲学的理学，为士绅阶层在国破家亡中苟且偷生提供理论支撑，彻底消解了士绅阶层对国家、社会所应承担的责任。

五、"止于至善"为初始，"明明德"为终极

　　根据《大学》原文和先秦儒家思想特点，《大学》三纲的次第：初始为"止于至善"，中间环节是"亲民"，终极目标是"明明德"。而朱熹则本末倒置，完全颠倒了《大学》三纲的次第。

　　《大学》三纲的内容可以这样表述：大学教育是培养治国理政的优秀人才，大学教育成功与否取决于人才能否推进伟大事业，促进文明进步（明明德）。要想推进伟大事业，促进文明进步，取决于优秀人才能否深入群众、依靠群众、组织群众、为了群众，与群众一同进行全面深刻的社会实践（亲民）。能否同群众一同成功进行社会实践，取决于优秀人才是否掌握了事物发展的内在规律，练就解决矛盾的能力（止于至善）。能否"明明德"取决于"亲民"，能否"亲民"，取决于"止于至善"。只有"止于至善"，才能"亲民"，只有"亲民"，才能"明明德"。

　　《大学》是《小戴礼记》的第四十二篇。北宋时期，程颢、程颐兄弟分别将《大学》从《小戴礼记》中抽出，专门为《大学》篇编次章句。南宋朱熹将《大学》作为《四书章句集注》之首，做《大学章句集注》。由于宋明理学的盛行，《四书章句集

注》又是明清时期科举考试的主要参考书，所以《大学》一文广为传颂。《大学》的核心内容是三纲八目，明明德、亲民、止于至善为三纲，格物、知致、正心、诚意、修身、齐家、治国、平天下为八目。八目是三纲的展开，三纲是八目的凝练。八目在逻辑上有先后次第，不是并列。三纲和八目类似，也有逻辑次第。"格物"是八目初始的第一个环节，"平天下"是最终目标。三纲同样有先后次第，朱熹认为"明明德"是初始环节，中间环节是"新民"，终极目标是"止于至善"。

请看朱熹对于《大学》三纲含义和次第的解读：

> 大学者，大人之学也。明，明之也。明德者，人之所得乎天，而虚灵不昧，以具众理而应万事者也。但为气禀所拘，人欲所蔽，则有时而昏；然其本体之明，则有未尝息者。故学者当因其所发而遂明之，以复其初也。新者，革其旧之谓也，言既自明其明德，又当推以及人，使之亦有以去其旧染之污也。止者，必至于是而不迁之意。至善，则事理当然之极也。言明明德、新民，皆当至于至善之地而不迁。盖必其有以尽夫天理之极，而无一毫人欲之私也。此三者，大学之纲领也。①

朱熹认为大学之道首先要培养明了自身本有内在光明之性的人。其次由这些人教育引导民众明了自性，存天理、灭人欲，洗心革面，重新做人，最终将自己明了自性和引导民众明了自性、

---

① 朱熹撰，徐德明校点.四书章句集注.上海：上海古籍出版社，2001：4.

重新做人两件事做到极致。朱熹的解释本末倒置，完全弄反了《大学》三纲的次第。

1.从字义出发，准确解读《大学》三纲，弄清其次第

解读先秦儒家经典，必须借助于字典，弄清哪些字义是核心字义，哪些字义是衍生的，才能对经典做出比较准确的、忠于经典的解读。解读《大学》三纲同样需要如此，弄清经典字义后，正确理解经典水到渠成。《大学》三纲的原文是："大学之道，在明明德，在亲民，在止于至善。"我们依次弄清原文字义。

"在"的字义为取决于。"明"有三类主要字义：第一类表示实现、完成、功绩、成就等；第二类表示照亮、光明、明白、分辨、聪明等；第三类表示强盛、旺盛。三类字义存在有机联系。综合理解明的三类含义，具备相当的认识能力，实现完成伟大事业，促进社会文明的进步和民生幸福。"德"的字义也有三类：一是"德"的一个含义——有道德、品行、节操、有道德的人；二是恩惠、福；三是生化万物。综合理解德的含义，可以这样概括，有道德品行的人肯定是胸怀天下、造福众生的人。"善"的主要字义有两个，一是演变，即事物发展的内在规律；一是擅长，能力。综合理解善的含义，人掌握事物发展的内在规律后，便会形成自己的专长，提高自身解决问题的能力。

明了上述字义，《大学》三纲的内容便可以这样用现代汉语来表述：大学教育是培养治国理政的优秀人才，大学教育成功与否取决于人才能否推进伟大事业，促进文明进步（明明德）。要想推进伟大事业，促进文明进步，取决于优秀人才能否深入群众、依靠群众、组织群众、为了群众，与群众一同进行全面深刻

的社会实践（亲民）。能否同群众一同成功进行社会实践，取决于优秀人才是否掌握了事物发展的内在规律，练就解决矛盾的能力（止于至善）。能否"明明德"取决于"亲民"，能否"亲民"，取决于"止于至善"。只有"止于至善"，才能"亲民"，只有"亲民"，才能"明明德"。很明显，《大学》三纲中，"止于至善"是初始，"明明德"是最终目标。

2.朱熹为倒置《大学》，不惜回避某些词汇，篡改经典

严格谨慎弄清字义，理解《大学》三纲的内容后，我们发现三纲的原本次第是首先"止于至善"，然后"亲民"，最终实现"明明德"的目标。而朱熹则本末倒置，将"止于至善"作为《大学》三纲的最终目标，将"明明德"作为三纲的初始。

朱熹为使自己对于《大学》三纲显得通顺，他首先回避"在"的含义，《四书章句集注》中完全不交代"在"是什么意思。"大学之道，在明明德，在亲民，在止于至善"，此言16字，"在"字运用3次，可见"在"字于这段话中的重要性。"在"的字义前文已作说明，此处为取决于、决定于。前者是否成功，取决于后者，大学培养人才是否成功，取决于所培养的人才能否"明明德"，"明明德"是否实现取决于"亲民"，"亲民"是否成功取决于"止于至善"。三个"在"字将大学之道依次递进地推演到"止于至善"，朱熹忽略"在"字的重要性，便失去了一次正确认识《大学》三纲次第的机会。

我们再看朱熹关于"明明德"和"止于至善"的理解。关于"明明德"的理解，朱熹将第一个"明"解释为明了，第二个"明"解释为光明，他没有采用"明"的核心字义，而是用了衍

生字义。朱熹关于"德"的解释更成问题，正如前文已述，"德"的字义有三：道德品行、恩惠、福佑、生化万物。朱熹似乎毫不顾及其字义，直接将"德"解释为"人之所得乎天，而虚灵不昧，以具众理而应万事者也。但为气禀所拘，人欲所蔽，则有时而昏；然其本体之明，则有未尝息者"。朱熹对"德"的冗长说明没有任何字义根据，全将自己的个性化认识强加给"德"。《大学》是先秦儒家贤圣创作的经典，是中国人民共同的经典，如果离开先秦字义以个人理解强加给经典，进而将个人观点美化成先秦经典的观点，显然这是极端无理的做法，是以弘扬经典的名义干欺灭儒家师祖的勾当。

"止于至善"一句的关键词是"善"，"善"核心字义有二，一为事物发展的内在规律，一为能力。掌握事物发展内在规律，便具备解决矛盾的能力，能正确处理问题，故"善"有好的意思，而好是从"善"的核心字义衍生而来。朱熹用衍生之义解释"善"，偏离了《大学》三纲"善"字的本义。

更有甚者，朱熹采纳北宋程颐的意见，将《大学》三纲中的"亲民"妄改为"新民"。程颐和他的兄长程颢分别对《大学》一文分章别次，二人剪裁编辑的《大学》一文均收录于《二程集》中，程颢未改"亲民"二字，程颐则认为"亲民"二字当为"新民"，其修改被朱熹接受。用篡改经典的方式达到使自己对经典的解释显得合理，这绝不是研究经典、弘扬经典的正确态度和做法。

如果朱熹弄清《大学》三纲字词的本义，正确理解《大学》三纲的含义，就不会本末倒置。朱熹十分讲究读书方法，主张读书勿贪多，以熟读、精读为佳。他说："大凡看书，要看了又看，逐段、逐句、逐字理会，仍参诸解、传，说教通透，使道理与自家心相肯方得。读书要自家道理浃洽（jiā qià，融洽）透彻。"①读书要熟读精读没错，要参照相关解释更没错，其最严重的错误在于读书不是为了明晓书的含义，而是使书的含义符合他自己的思想观念，逐段、逐句、逐字理会，并非为了理会经典本身，而是想尽办法以"自家心"曲解经典文本。

不同时代，政治经济文化背景不同，创作者和读者的问题意识不同。读书过程中，读者不可能完全超脱自己的思想观念和时代环境，怀着问题意识读书也是正确的。但是朱熹要求先秦时期儒家经典完全符合他作为一个南宋时期读者的思想观念，这是完全不可能的。如果可能的话，就是以一己之见误读曲解先秦儒家经典。朱熹学识渊博，对于明、德、善的多种字义当然有所了解，但是他为什么会误读《大学》三纲，将三纲关系本末倒置，主要还是朱熹研究《大学》并不想弄清《大学》的本义，而是想以注解《大学》的方式将理学思想强加于《大学》，从而使理学思想作为先秦儒家思想的宋代形态，更具合理性而已。

3.从《大学》文本的句式特点看《大学》三纲的次第

《大学》的核心是讨论治国理政的次第和目标，《大学》三纲、八目、知止六步等构成《大学》的主要内容。在表述最终目标和实现目标的次第时，《大学》一文主要采用从远大（最终目标）到近小（具体次第）、从近小至远大、逐层递进、循环往复的论证方式。比如"大学之道，在明明德，在亲民，在止于

---

① 黎靖德.朱子语类第一册.北京：中华书局，1986：162.

至善"，这段话从最终治理目标的"明明德"开始，然后是实现最终目标的手段，即"亲民"，最后是实现"亲民"和"明明德"的起点和入手，明晓事物发展规律，具备处理问题的能力，即"止于至善"。在"止于至善"后，紧接着是知止六步，即知止而后有定，定而后能静，静而后能安，安而后能虑，虑而后能得。"知止"是从具体问题入手，经过谨慎的思考研究，即止→定→静→安→虑→得，获得关于事物发展的全面规律性认识（义理），这是从近小到远大的逐层递进。

在此段之后，《大学》又采用从远大到近小的表述形式说："古之欲明明德于天下者，先治其国；欲治其国者，先齐齐家；欲齐其家者，先修其身；欲修其身者，先正其心；欲正其心者，先诚其意；欲诚其意者，先致其知，致知在格物。"这段从远大到近小的逐层递进可以直观简化为：明明德→治国→齐家→修身→正心→诚意→致知→格物。紧接着"致知在格物"一句后面，《大学》用从近小逐层递进到远大的表述形式，"物格而后知致，知致而后意诚，已成而后身修，身修而后家齐，家齐而后国治，国治而后天下平"，这段内容可以更简洁形象的表示为：物格→知致→意诚→身修→家齐→国治→天下平。"大学之道，在明明德，在亲民，在止于至善"一句中，"明明德""亲民""止于至善"三者的递进关系并不十分明确，既然《大学》八目、知止六步都有递进关系，那么《大学》三纲也应当有递进关系，因为这是《大学》表述治国目标和手段的普遍句式。

接下来我们继续分析《大学》用以表述递进关系的几种常用句式，《大学》表述三纲、八目等逐层递进关系时所用句式有以下几个："欲……先……"，比如"欲明明德于天下者，先治

其国"；……后……，比如"物格而后知致"；……在……，比如
"致知在格物"，"修身在正其心"。"欲……先……"句式所表示
的先后关系很明确，"先……"是"欲……"的前提条件，即治
其国是"明明德"的前提条件。比较难以理解表述递进关系的句
式是"……在……"。前文我们交代过在有取决于、决定于之义。

如果我们将"……在……"句式转换为""欲……先……"
句式，"……在……"句式所表示递进关系就会更加清晰。"古之
欲明明德于天下者，先治其国；欲治其国者，先齐其齐家；欲齐
其家者，先修其身；欲修其身者，先正其心；欲正其心者，先
诚其意；欲诚其意者，先致其知，致知在格物。"这段话中除
了"致知在格物"用了"……在……"，其他均采用"欲……
先……"句式表述递进关系，我们可以将"致知在格物"转换成
"欲致其知者，先格其物"。所以翟玉忠先生在《也说〈大学是什
么〉》一文中说："在"有"必先"的意思。[①]"止于至善"是实现
"明明德"的初始和入手，"亲民"是中间环节，"明明德"是最
终目标。朱熹确实将《大学》三纲的递进关系本末倒置，这是毋
庸置疑的!

4.朱熹为什么这样做呢

朱熹为何要颠倒《大学》三纲大道的本末呢？流行的解释是
他吸取佛教本体论和修行论，以丰富和发展儒学。此种观点以佛
教和儒学的相互影响理论，虽有一定道理，却解释不了程朱理学
为什么元明清三代成为儒学的主流，为什么程朱理学在当代会衍

---

① 网址：http://www.xinfajia.net/15622.html；访问日期：2021年7月3日。

生出新儒家。

社会存在决定社会意识，我们有必要从中国古代社会阶层的变化中探寻朱熹此举的原因。社会阶层的变化才是朱熹误解《大学》，倒置《大学》三纲的根本原因。中国古代社会的统治阶层先后是先秦时期的贵族地主，两汉魏晋南北朝时期的豪强地主、世家门阀地主，隋唐以后的统治阶级是士绅地主。先秦贵族地主世代世袭，他们的文化意识是礼法；世家门阀地主的文化意识是佛教、道教和玄学。士绅地主的文化意识便是程朱理学。朱熹一生开创和弘扬理学不遗余力，是士绅地主阶层文化意识和自觉在个人身上的体现。

士绅地主与贵族地主、门阀地主明显不同的特点是士绅地主人数众多，远多于贵族地主和门阀地主，单个士绅地主的经济实力远远小于贵族地主和门阀地主。因此，大多数士绅地主的生存竞争压力较大，故南宋时期有"千年田，八百主"之说，形象地说明士绅地主竞争之激烈。同样的原因，士绅地主不能主导政治，只有少数人任为官更多的士绅地主是身处中下层的中小地主，生活于乡里，不能参与国家政治。因为竞争激烈，士绅地主需将主要精力投放在日常生活和生产中，不能像世家大族那样在佛教道教的理论和修行中悠哉游哉。更不能像贵族和门阀地主能在仕途中享受人生的价值。广大士绅地主只能在政治竞争中、同行的竞争中、农民的竞争中奔波，既不能全身投入佛道玄思，也不能体验行使权力的酷爽。故他们需要一种既不脱离日常世俗生活，又能帮助安身立命，为世俗人生提供意义价值而非技术性支持的非宗教理论。

朱熹选择四书，运用佛教思想对其加工转化，使之成为理学的载体。《大学》三纲原本总括内圣外王的治国理政次第，朱熹通过背离本义的解释，将三纲彻底玄学化，把"明明德"从实现福泽万民的伟大事业，解释为明了内在光明之性，把"亲民"从与民众一同进行改造社会的实践曲解成让百姓洗心革面重新做人，把"止于至善"从把握事物发展规律，掌握正确解决问题的行事能力曲解成先让自己明了内在光明之性，再让百姓明了内在光明之性，并将二者做到极致。三纲的外王精神被朱熹消解殆尽，内圣也变得空洞无物。因为以《四书章句集注》为载体的理学满足了士绅地主阶层的需要，自南宋以后，随着士绅地主阶层的壮大，皇权不得不向士绅阶层妥协，理学成为古代中国的主流学术。

《四书章句集注》成为科举考试的标准是皇权与士绅阶层博弈的结果，而非理学的思想魅力赢得了皇权敬畏。

六、"格物致知"即知止六步

　　朱熹在《四书章句集注》中将《大学》首章内容提炼为三纲八目："明明德""亲民""至善"为三纲，"格物""致知""诚意""正心""修身""齐家""治国""平天下"为八目。而对于知止、定、静、安、虑、得，不置可否，且增写了"所谓致知在格物者"章，解释"格物致知"的含义。其实知止、定、静、安、虑、得，即知止六步就是对格物致知的解释。因为知止六步就是对"格物致知"的解释，所以《大学》在详细解释八目时，便直接从解释"诚意"开始。

　　《大学》居《礼记》之四十二篇，理学之集大成者朱熹从《礼记》中抽出《大学》《中庸》，与《论语》《孟子》合为四书，并作《四书章句集注》以弘扬理学，《大学》居《四书》之首书。《大学》内容有两部分，第一部分是开篇首章，重点介绍三纲八目。

　　第二部分分别解释八目中的六目的四章，即"所谓诚其意者""所谓修身在正其心者""所谓治国在齐其家者""所谓平天下在治其国者"四章。《大学》原文没有采用"所谓……"的句式解释"格物致知"两目，即没有"所谓致知在格物者"一章解释格物、致知。

朱熹认为《大学》本有的解释"格物致知"的"所谓致知在格物者"章失传，他根据北宋二程的思想，在《四书章句集注》中增补"所谓致知在格物者"章。

1.《大学》中本有对"格物致知"的解释，只是朱熹没读懂

为叙述的方便，我们将《大学》首章全文引录于下：

> 大学之道，在明明德，在亲民，在止于至善。知止而后有定，定而后能静，静而后能安，安而后能虑，虑而后能得。物有本末，事有终始，知所先后，则近道矣。古之欲明明德于天下者，先治其国；欲治其国者，先齐其家；欲齐其家者，先修其身；欲修其身者，先正其心；欲正其心者，先诚其意；欲诚其意者，先致其知；致知在格物。物格而后知至，知至而后意诚，意诚而后心正，心正而后身修，身修而后家齐，家齐而后国治，国治而后天下平。自天子以至于庶人，壹是皆以修身为本。其本乱而末治者否矣，其所厚者薄，而其所薄者厚，未之有也！

这段话可以分成三部分，第一部分是"大学之道，在明明德，在亲民，在止于至善"，即常说的大学三纲；第二部分是"知止而后有定，定而后能静，静而后能安，安而后能虑，虑而后能得。物有本末，事有终始，知所先后，则近道矣"。第三部分是"古之欲明明德于天下者，先治其国；欲治其国者，先齐其

家；欲齐其家者，先修其身；欲修其身者，先正其心；欲正其心者，先诚其意；欲诚其意者，先致其知；致知在格物。物格而后知至，知至而后意诚，意诚而后心正，心正而后身修，身修而后家齐，家齐而后国治，国治而后天下平。自天子以至于庶人，壹是皆以修身为本。其本乱而末治者否矣，其所厚者薄，而其所薄者厚，未之有也"。这是常说的八目。三纲与八目之间的第二部分便是解释"格物致知"，只是没有采用"所谓致知在格物者"的句式而已。

要确定第二部分是解释"格物致知"，或者说"格物致知"是对第二部分的概括，只要我们分别弄清第二部分和"格物致知"的含义，如果二者含义相同，只是繁简不同，那么，我们就可以说第二部分是解释"格物致知"，或者"格物致知"是第二部分的概括。

2.《大学》中"知止……则近道矣"的含义

在三纲和八目之间是第二部分"知止而后有定，定而后能静，静而后能安，安而后能虑，虑而后能得。物有本末事有终始，知所先后，则近道矣"。大学八目是三纲的展开，是实现三纲的方法。三纲是抽象笼统的目标，八目是具体可行的方法。通过"知止而后有定，定而后能静，静而后能安、安而后能虑，虑而后能得，物有本末，事有终始，智所先后，则近道矣"的全面深入研究，找到实现三纲的方法，便是将三纲细化为八目。

要弄清第二部分的含义，须先明了《大学》三纲。"大学之道，在明明德，在亲民，在止于至善"是说治国理政的最终目标是实现社会和谐、人民幸福的大同时代；要实现这个目标就要依靠人民、教育人民、组织人民、服务人民，共同进行广泛全面的社会实践；要领导人民进行社会实践，就要具备卓越的能力，研究事物发展的内在规律、义理。"止于至善"是三纲的起点，是领导人民进行社会实践的抓手；"亲民"，即全民参与的社会实践是实现大同的中介；"明明德"是实现大同目标。

在三纲的"止于至善"后，是"知止而后有定，定而后能静，静而后能安，安而后能虑，虑而后能得。物有本末，事有终始，知所先后，则近道矣"。"知止而后有定"的"知止"是知止于"至善"，正如孔颖达所说："知止而后有定更覆说止于至善之事。"①这样就有必要弄清"至善"的本义。"善"字有好的意思，据此朱熹说至善是"大抵至善只是极好处，十分端正恰好，无一毫不是处，无一毫不到处"②。至善是极好的意思，极好是人处理事物的理想结果，要取得理想结果，就需要人具备相应的能力，故"善"还有擅长、处理好的意思。人好处理好问题，就要研究事物的内在发展规律，所以"善"还有演变的含义。处理好问题从人的角度说要具备相应的能力，从事物的角度说要尊重和运用事物发展的内在规律。所以具备卓越的能力和发现事物发展的内在规律才是"至善"的本质含义。"知止"就是知道所需提高的能力和所要研究的事物发展规律。

从字义上说，止、定、安是研究事物专注状态，静、虑指的研究问题的思维状态，得是指获得正确的认识。"知止而后有定"，是说明确了需要提高的能力，所要研究的问题，专注集中

---

① 阮元.十三经注疏下册.礼记正义.北京：中华书局，1980：1673.

② 黎靖德.朱子语类第二册.北京：中华书局，1980：378.

研究此问题，择善固执，扭住不放。因为扭住不放，便能对问题全面充分系统地认识研究。

"静"不是安静的意思，《说文解字》释静为审义，"静，审也。"①释审为悉义，"审，悉也，知审谛也。"②而谛和审同义，"谛，审也。"③"悉"是详尽的意思，"悉，详尽也。"④许慎以静、审、悉、谛互释，悉为"详尽"义，所以"静"当为全面了解事物之义。所以《说文解字注》的注文解释"静"字说"彩色详审得其宜谓之静，考工记言画缋之事也。分布五色，疏密有章，则虽绚烂之极，而无湠涊（音tiǎn niǎn，污浊、卑污义——笔者注）不鲜，是曰静。人心审度宜，一言一事必求义理之必然，则虽繁劳之极而无纷乱亦曰静。"⑤成书于东汉末期的《释名》说："静，整也。"⑥综合上述关于静的训诂，我们可以认为静的含义是对事物进行全面充分系统的认识和研究，"静而后能安"，是说基于全面充分系统的认识和研究，不因无效信息和暂时困难而困惑迷茫。静强调的是全面充分系统的认识和研究，"虑，谋思也，"⑦"虑"强调的是找到事物发规律，形成解决问题、实现目标的可行方案，即"虑而后能得"。"知止而后有定，定而后能静，静而后能安，安而后能虑，虑而后能得"，是基于问题形成解决方案的逐渐递进的系统学习、研究和谋划过程。

---

① 许慎撰，段玉裁注.说文解字注.上海：上海古籍出版社，1981：215.
② 许慎撰，段玉裁注.说文解字注.上海：上海古籍出版社，1981：50.
③ 许慎撰，段玉裁注.说文解字注.上海：上海古籍出版社，1981：92.
④ 许慎撰，段玉裁注.说文解字注.上海：上海古籍出版社，1981：50.
⑤ 许慎撰，段玉裁注.说文解字注.上海：上海古籍出版社，1981：215.
⑥ 刘熙.释名.北京：中华书局，2016：51.
⑦ 许慎撰，段玉裁注.说文解字注.上海：上海古籍出版社，1981：501.

3.《大学》"格物致知"的含义

"格物致知"出自《大学》首章的第三部分，"……欲诚其意者，先致其知；致知在格物。物格而后知至，知至而后意诚，意诚而后心正……"，是八目的第一目、第二目。郑玄注"致知"："知谓知善恶吉凶之所终始也。"注"格物"："格，来也。物，事也。其知于善深则来善物，其知于恶深则来恶物。言事缘人所好来也。"①孔颖达的解释与郑玄类似，只是稍微详细些，"致知在格物者，言若能学习招致所知。格，来也。已有所知，则能在于来物。若知善深则来善物，知恶深则来恶物。言善事随人行善而来应之，恶事随人行恶亦来应之。言善恶之来缘人所好也。"②

"格物"谓第一目，"致知"为第二目，"致知在格物"，在为"取决于"之义，"致知"取决于"格物"，也就是说"格物"是"致知"的条件。郑玄之注、孔颖达之疏却颠倒了"格物""致知"的顺序，知善深，则善事来，知恶深，则恶事来。哪类事情会到来去取决于对哪类事物知得深，这就成了"格物在致知"。"格物"取决于"致知"，"致知"居"格物"之前，是"格物"的条件，《大学》明确说"物格而后知致"，郑玄、孔颖达的解释颠倒《大学》"致知在格物"的前后关系，肯定解释错了。

"格物"的"格"当解释为全面深入研究，《字汇》说："格，穷究。"③"致知"的"致"当解释为取得，"格物致知"之义是通过全面深入系统研究，取得对事物的正确认识。"致知在格物"，

① 阮元.十三经注疏下册.礼记正义.北京：中华书局，1980：1673.
② 阮元.十三经注疏下册.礼记正义.北京：中华书局，1980：1673.
③ 《汉语大字典》第二卷.成都：四川辞书出版社，1987：1204.

取得对事物的正确认识取决于对事物的全面深入系统研究。

　　梳理了"格物致知"的意思后，我们发现"格物致知"是"知止～则近道矣"的概括，"知止～则近道矣"是"格物致知"的详细解释。既然"知止～则近道矣"已经展开解释了"格物致知"，故《大学》也就没有采用"所谓诚其意者""所谓修身在正其心者"的形式解释"格物致知"，故《大学》中没有"所谓致知在格物者"一章。

4.朱熹妄补《大学》"所谓致知在格物者"章

　　郑玄、孔颖达模糊了"格物致知"的本义并颠倒二者的前后关系。朱熹不明白"知止～则近道矣"便是对"格物致知"的阐释，于是师心自用，为《大学》妄补"所谓致知在格物者"：

> 　　所谓致知在格物者，言欲致吾之知，在即物而穷其理也。盖人心之灵莫不有知，而天下之物莫不有理，惟于理有未穷，故其知有不尽也。是以大学始教，必使学者即凡天下之物，莫不因其已知之理而益穷之，以求至乎其极。至于用力之久，而一旦豁然贯通焉，则众物之表里精粗无不到，而吾心之全体大用无不明矣。此谓物格，此谓知之至也。 [①]

　　此章中朱熹没有犯郑玄和孔颖达颠倒"格物""致知"前后关系的错误，认为要"致知"，先"格物"。但是朱熹的错误更严重，这个错误首先表现为将"格物致知"和三纲中"至善"割裂

---

① 朱熹撰，徐德明校点.四书章句集注.上海：上海古籍出版社，2001：8.

开来。"至善",从人的角度说指人的卓越能力,从物的角度说,是要弄清事物发展的内在规律,遵从运用规律,促进社会进步和人民福祉。而朱熹将"格物致知"与现实中人的能力的提高、现实问题的研究割裂开,将"格物致知"解释成漫无目的的智力和思维训练。大学三纲是通过提高能力、研究问题,通过社会实践解决问题,实现人人幸福的大同梦。而朱熹的"所谓致知在格物者"章没有任何社会民生内容。

其次朱熹的错误表现在他把"格物致知"和参禅混为一谈。朱熹是南宋看话禅的行家里手,很大程度上用看话禅的方法来解释"格物致知"。南怀瑾先生是罕见的宗通、教通、史通的禅者,南师介绍修习看话禅中的一些现象说:"但能用志不分,收拾六根,归此一念,偶或见得前念已灭,后念未生,当体一念,了无一物。此心此身,忽焉皆寂。心光透发,三际空悬。"①细心品味南师关于禅修光景的开示与朱熹"所谓致知在格物者"章的后半部分——内容似曾相识。

《大学》中的"知止而后有定,定而后能静,静而后能安,安而后能虑,虑而后能得。物有本末,事有终始,知所先后,则近道矣。"是对"格物致知"的详细说明,《大学》没有必要采用"所谓致知在格物者"的形式再次详说"格物致知"。朱熹对此并不清楚,以为"盖释格物、致知之义,而今亡矣。此章旧本通下章,误在经文之下。闲尝窃取程子之意以补之。"②而朱熹所补之内容,与《大学》原本解释大相径庭,朱熹所补之章,一是将格物致知与社会生活社会实践割裂开,一是从禅宗看话禅的角度解

① 南怀瑾.禅海蠡测.北京:中国世界语出版社,1994:64.
② 朱熹撰,徐德明校点.四书章句集注.上海:上海古籍出版社,2001:8.

读格物致知。

　　研究中国先秦儒家经典，尽量避免以理学为儒学。理学本为佛教化的儒学，只有突破理学和佛教对中国先秦儒家文化的双重影响，先秦儒家思想活脱脱的"务为治"本色才会呈现出来。

七、"所谓诚其意者"章正解

　　"所谓诚其意者"章是《礼记·大学》详细解释八目的第一章，因为知止六步已经解释了"格物致知"，所以不再需要采用"所谓……"的句式再次进行解释了。关于此章的解读郑玄、孔颖达、朱熹都存在问题，并且朱熹在《四书章句集注》中对其进行重新编辑，打乱了原有的义理和逻辑顺序。本章的正确解读应当是"诚其意"是不欺骗自己，经过知止六步得出的正确认识，且要将正确的认识内化为信念和实践，发自内心的信念和实践是治国平天下的源头。所引用的《诗经》《尚书》等经典中的材料和材料后的简洁评论是存在内在义理和逻辑关系的，是对"诚其意"的补充完善和引申。

　　《礼记·大学》在介绍了三纲八目后，采用"所谓诚其意者，……""所谓修身在正其心者，……"的句式对"诚意""正心""修身""齐家""治国""平天下"六目详加论述。之所以没有解释"格物致知"，因为介绍三纲之后的知止六步，便是对"格物致知"的详细说明，故没有必要采用"所谓格物者，……""所谓知止者，……"或者"所谓知致在格物者，……"的形式进行重复论述了。

关于此章有两种影响较大的解读，一是郑玄孔颖达在《礼记正义》中的解读，一是朱熹在《四书章句集注》中的解读。两种解读均存在严重误读，有必要直接根据原文和关键词汇的核心字义重新解读此章。为方便重新解读，先将"所谓诚其意者"章根据文义分成七小段全录于下：

（1）所谓诚其意者，毋自欺也，如恶恶臭，如好好色，此之谓自谦，故君子必慎其独也。

（2）小人闲居为不善，无所不至，见君子而后厌然，揜其不善而著其善。人之视己，如见其肺肝然，则何益矣。此谓诚于中，形于外，故君子必慎其独也。

（3）曾子曰："十目所视。十手所指"，其严乎。富润屋，德润身，心广体胖，故君子必诚其意。

（4）诗云："瞻彼淇澳。菉竹猗猗。有斐君子。如切如磋。如琢如磨。瑟兮僩兮。赫兮喧兮。有斐君子。终不可諠兮。如切如磋者。道学也。如琢如磨者。自脩也。瑟兮僩兮者。恂慄也。赫兮喧兮者。威仪也。有斐君子。终不可諠兮者。"道盛德至善。民之不能忘也。诗云："于戏，前王不忘。"君子贤其贤。而亲其亲。小人乐其乐而利其利。此以没世不忘也。

（5）康诰曰："克明德。"大甲曰："顾諟天之明命。"帝典曰："克明峻德。"皆自明也。汤之盘铭曰："苟日新。日日新。又日新。"康诰曰："作新民。"诗曰："周虽旧邦。其命惟新。"是故君子无所不用其极。

（6）诗云："邦畿千里。惟民所止。"诗云："缗蛮黄鸟。止于丘隅。"子曰：于止，知其所止，可以人而不如鸟乎。诗云："穆穆文王，于缉熙敬止。"为人君止于仁。为人臣止于敬。为人子止于孝。为人父止于慈。与国人交止于信。

（7）子曰："听讼吾犹人也，必也使无讼乎？"无情者不得尽其辞。大畏民志。此谓知本。

1."诚其意"是体认内心的真实意愿，将修齐治平作为人生志向

我们先了解"诚其意"的含义。在中国古代经典中"诚"出现得很早，主要是从真实之意运用"诚"字，《周易·乾卦》中说："修辞以立其诚，"孔颖达认为此处的"诚"是"诚实"[①]的意思。《管子·乘马》中说："非诚贾，不得食于贾。非诚工，不得食于工。非诚农不得食于农。"[②]《韩非子·显学》中说："皆自谓真尧舜，尧舜不能复生，将谁使定儒、墨之诚乎？"[③]以上都是从真实之义运用"诚"字。《大戴礼记》中也是从真实之义运用"诚"字的，"民有五性，喜怒欲惧忧也。喜气内畜，虽欲隐之，阳喜必见。怒气内畜，虽欲隐之，阳怒必见。欲气内畜，虽欲隐之，阳欲必见。惧气内畜，虽欲隐之，阳惧必见。忧悲之气内畜，虽欲隐之，阳忧必见。五气诚于中，发形于外，民情

① 阮元.十三经注疏上册.周易正义.北京：中华书局，1980：15.
② 《管子》《百子全书》上册.杭州：浙江古籍出版社，1998：375.
③ 《韩非子》《百子全书》上册.杭州：浙江古籍出版社，1998：538.

不隐也。"①许慎的《说文解字》沿用《尔雅》以诚信二字互训："信,诚也","诚,信也"②。《宋本玉篇》:"真,不虚假也。"③而北宋时期成书的《增韵》对"诚"的解释更接近现代汉语的真实之义:"诚,无伪也、真也、实也。"④宋朝理学家多以真实无妄释"诚"⑤。从先秦经典到古代字书都从真实之义运用"诚"字,那么"诚其意"的字面含义是使自己的"意"真实起来,也可以说是明确自己真实之"意"。

弄清"诚"的字义后,我们再来讨论"诚其意"中"意"的字义。《礼记·大学》中八目"诚意"是第三目,"正心"是第四目,也就是说要"正心",应先"诚意",可见心和意的所指不同。《礼记·大学》解释"正心"说:"所谓修身在正其心者,身有所忿懥(fèn zhì,发怒义——笔者注),则不得其正;有所恐惧,则不得其正;有所好乐,则不得其正;有所忧患,则不得其正。"⑥"正心"的要点在于克服激烈的情绪情感活动,即人要平和。但是《礼记·大学》所要求的心态平和是以"诚意"为前提的,如果没有体认到自己的真实之"意",缺乏以"诚其意"为前提的心态平和,就成了心灵鸡汤。

许慎的《说文解字》中"意"与"志"二字互训:"意,志

① 王聘珍.大戴礼记解诂.北京:中华书局,1983:191–192.
② 许慎撰,段玉裁注.说文解字注.上海:上海古籍出版社,1981:92.
③ 王平,刘元春,李建廷.宋本玉篇.上海:上海书店出版社,2017:445.
④ 《汉语大字典》第六卷.成都:四川辞书出版社,1989:3963.
⑤ 卫湜.中庸集说.桂林:漓江出版社,2011:236.
⑥ 阮元.十三经注疏下册.礼记正义.北京:中华书局,1980:1674.

也"①，"志，意也"②。《增韵》中说："意，心所向也。"③《黄帝内经·灵枢经·本神》中也讨论了心、意、志，"所以任物者谓之心，心有所忆谓之意，意之所存谓之志。"④"意"是心有所忆，即人心里惦记着的内容，如果惦记的内容从不固定，缺乏持久性，那么"意"便是烦恼。如果总惦记着的是一件有意义的事情，"意"便成为"志"，即"意之所存谓之志"。多数人都有"意"，少数人有"志"。孔子曾经让弟子们"各言尔志"。"志"为志向，是个人所确立的人生目标，相当于佛教所说的发心发愿。人有治国平天下的远大理想，实现理想仍需从具体的"至善""明善"开始。"诚其意"，就是"止于至善"，明白入手之处而择善固执，明确自己的职分和需要提高的技艺、能力和智慧，其核心是掌握正心、修身、齐家、治国、平天下规律，即通过格物，掌握事物的发展规律。"诚其意"具体来说包含两个层次：一个层次是人将修身齐家治国平天下作为人生理想；另一个层次是按照事物发展规律来修身齐家治国平天下，以实现人生理想。概括而言，"诚其意"就是让尊重事物发展规律，通过实践，实现治国平天下的理想成为自己奋斗终生的伟大志向。对于君子而言，这个人生志向不是可有可无的一般想法，而是要为之奋斗一生。为这个志向奋斗一生，就如同《老子》中说的"上士见道，勤而行之"。曾子说："士不可以不弘毅，任重而道远"，弘毅之士就是树立理想为之奋斗的人。

① 许慎撰，段玉裁注.说文解字注.上海：上海古籍出版社，1981：502.
② 许慎撰，段玉裁注.说文解字注.上海：上海古籍出版社，1981：502.
③ 《汉语大字典》第四卷.成都：四川辞书出版社，1988：2323.
④ 任廷革.任应秋讲〈黄帝内经〉灵枢经.北京：中国中医药出版社，2014：31.

2. "诚其意"的方法是不欺骗自己内心的真意

弄清了"诚其意"的含义后,理解"(1)所谓诚其意者,毋自欺也,如恶恶臭,如好好色,此之谓自谦,故君子必慎其独也"一句的含义也就容易了。这句话是介绍"诚其意"的方法。理解这句话不能脱离八目之最先两目——"格物致知"。每个人的内心都有利他意向,微观上利家,宏观上利国利天下,都有对家国天下的责任感。人经过"格物致知",经过知止、定、静、安、虑、得六步的研究思考,都会体认到人内心的利他意向,感受到内心对家庭、社会和天下的责任和使命。"所谓诚其意者,毋自欺也",是说人不欺骗自己的内心,认可并肯定内心对家国天下的责任感和使命感,将为家国天下解决问题增进福祉作为人生志向。通过"格物致知",通过知止六步系统研究了人的内心和所处的具体时空,深深地体认到只有将人生和时代结合起来,人生才有意义,这个"意"不是偶然的想法或冲动,而是突破了小我,融入大我之后内心深处的真情实意。让真情实意呈现出来,认可接受内心的真情实意,就很容易,类似人本能地喜欢美好的事物,厌恶难闻的味道一样。

孔颖达在《礼记正义》中,将"毋自欺"解释成"毋自欺也,言欲精诚其意,无自欺诳于身,言于身必须诚实也"。[①]而根据《礼记·大学》原文,"毋自欺"是不欺骗,经过"格物致知"后体认到的内在真意,而不是孔颖达所说身体。"如恶恶臭,如好好色"是用来形容认可接纳自身内心真意十分容易,如同本能喜欢美好事物,厌恶难闻气味一样。孔颖达则说:"'如恶恶臭'

---

① 阮元.十三经注疏下册.礼记正义.北京:中华书局,1980:1673.

者，谓臭秽之气，谓见此恶事人嫌恶之，如人嫌臭秽之气，心实嫌之，口不可道矣。'如好好色'者，谓见此善事而爱好之，如以人好色，心实好之，口不可道矣。言诚其意者，见彼好事、恶事，当须实好、恶之，不言而自见，不可外貌诈作好、恶，而内心实不好、恶也。皆须诚实矣。"①很明显，孔颖达的解读与"如恶恶臭，如好好色"只是形容不欺骗内在真意很容易的意思差距有点大，且有望文生义之嫌疑。

认可接纳内在真意，不自欺，可以称为自谦，即此之谓"自谦"。"谦"作为个人修行的概念来使用，源远流长，《周易》便有谦卦。"谦，亨，君子有终。"其大意为"谦，可以成功，君子能谦，终必有好的结果。"②此卦的象辞曰："地中有山，谦。君子以衺（póu，减少义——笔者注）多益寡，称物平施。"大意为：地中有山，山本高出地上，而屈居地中，这是谦卦的象征。君子效法其精神，减损多余的而增益缺少的，称量事物的多少而作平等的施予。谦卦的核心含义是谦虚，卦象上为坤卦☷，象征大地，下为艮卦☶，象征山，山居地中，地中有山，比喻谦虚。这是一个极好的比喻，山虽高，实生于地中，立于地上。地虽博，却实之以山。彼此相互依存。山不以高自居，地不以博自居，相互包容，相互依存。个体若不自我封闭，将自我放置于整体系统中来观照，就会发现没有个体就没有整体，顿然觉悟自己虽然渺小，却能影响全局整体的发展走向，因此觉悟到个体的意义和价值。这就是谦卦含义的现代表达。

"诚其意"，明确了自身职分，找到了努力的方向，持之以恒

① 阮元.十三经注疏下册.礼记正义.北京：中华书局，1980：1673.
② 徐芹庭.细说易经六十四卦上册.北京：中国书店，1999：220.

提高完善自身。个体虽然渺小，能力虽然有限，只要不懈努力，尽职尽责，经过正心、修身、齐家、治国，最终实现平天下。如此看来，治国平天下的伟大事业，起源于"诚其意"。没有诚意就没有天下平。诚意已经蕴含了天下平。"诚其意"的境界和"自谦"的境界是类似的，"诚其意"可以称作"自谦"。

郑玄没有用《周易·谦》关于谦卦的思考来认识"自谦"，他认为谦、慊二字互为通假，用"慊"释谦，他说："慊之言厌也，闭藏貌也。"①即"慊"为闭藏之义。所谓"诚其意"者，就是不欺骗自己的内在真意，认可接纳内在真意并不难，就如同本能地喜欢美好事物，厌恶难闻的气味一样。治国平天下的理想起于自己的真意，不要小看内在真意，山虽高，却植根于大地，地虽博，却甘心做高山之足。尊重自己内在真意，认识到内在意愿具有创造美好世界的磅礴力量，这便是"自谦"。按照郑玄的解释，此之谓自谦，是自己闭藏，那要闭藏什么呢？不自欺是让内心真实意愿呈现出来，实在不清楚郑玄所说的闭藏是要闭藏什么东西！

孔颖达意识到郑玄将"谦"解释为闭藏说不通，他将"谦"解释为安静，"谦，读如慊，慊然安静之貌。心虽好、恶而口不言，应自然安静也。"②"如恶恶臭，如好好色"本是形容人认可接纳内在真意的，没有其他意思，孔颖达则以为好恶喜怒不形于色，就是自谦，孔颖达将谦解释为安静，与郑玄将谦解释为闭藏一样，是说不通的。

朱熹也认为郑玄、孔颖达的解释值得商榷，便以"慊"的

---

① 阮元.十三经注疏下册.礼记正义.北京：中华书局，1980：1673.
② 阮元.十三经注疏下册.礼记正义.北京：中华书局，1980：1673.

另一个含义快乐满足来解释"自谦"的谦,"慊,快也,足
也。"①"自谦"是诚意之后君子内心充满快乐满足,"而求必得之,
以自快足于己。"②郑玄对"自谦"的解释固然值得商榷,而朱熹
的解释同样比较勉强。郑玄、孔颖达、朱熹以谦、慊通假,以
"慊"释谦本身就错了。

要做到"诚其意"和"自谦",君子就要慎独,"故君子慎其
独也"。"独"是修行的一个境界,是经过"格物致知",知止六
步,认识到人自己的内在真实之意,认识到社会进步的真理,认
识到人生努力的起点和方向,对这个真实之意必须慎重和敬畏,
不可等闲视之。忽略了这个真实之意,便是自欺,便不能"诚其
意"。"慎其独"在这里其实是"格物致知"的简洁表达,是"知
止而后有定,定而后能静,静而后能安,安而后能虑,虑而后能
得,知所先后,则近道矣"的简洁表达。郑玄、孔颖达和朱熹都
没有认识到这一点,他们都将"慎其独"理解为人独处时要警惕
自己的灰色心理。

郑玄、孔颖达在注疏《大学》时没有重点解释慎独,二人关
于慎独的认识主要集中于《中庸》里。郑玄说:"慎独者,慎其
间居之所为。小人於隐者,动作言语,自以为不见睹,不见闻,
则必肆尽其情也。若有佔听之者,是为显见,甚于众人之中为
之。"③孔颖达说:"以其隐微之处,恐其罪恶彰显,故君子之人恒
慎其独居言。言虽曰独居,能谨慎守道也。"④朱熹在《四书章句

---

① 朱熹撰,徐德明校点.四书章句集注.上海:上海古籍出版社,2001:9.
② 朱熹撰,徐德明校点.四书章句集注.上海:上海古籍出版社,2001:9.
③ 阮元.十三经注疏下册.礼记正义.上海:中华书局,1980:1625.
④ 阮元.十三经注疏下册.礼记正义.上海:中华书局,1980:1625.

集注》中对慎独的解释和郑玄、孔颖达大同小异，朱熹说："独者，人所不知而己所独知之地也。"[1]又说"慎其独"是"然其实与不实，盖有他人所不及知而己独知之者，故必谨之于此，以审其几焉"[2]。郑玄、孔颖达、朱熹将慎独解释为独处时要保持对灰色心理的警觉，与认可接纳内在真实之意和认识到内在真实之意的价值丝毫逻辑关系，完全是曲解经典。

3.君子是教化小人的榜样

"所谓诚其意者"章的第（2）段是："小人闲居为不善，无所不至，见君子而后厌然，揜其不善，而著其善。人之视己，如见其肺肝然，则何益也。此谓诚于中，形于外，故君子必慎其独也。"

这段中将小人和君子相比较，明确君子具有教化小人的作用。君子只有"慎其独"才具有教化小人的人格力量，才具有治理小人的能力。郑玄、孔颖达、朱熹没有认识到这一点。孔颖达对此段的解释是这样的："小人独居，无所不为，见君子而后乃厌然闭藏其不善之事，宣著所行善事也。小人为恶，外人视之，昭然明察矣，如见肺肝然。虽暂时揜藏，言何益矣。小人既怀诚实恶事於中心，必形见于外，不可揜藏。"[3]根据孔颖达的解释，小人应该在独处时警惕灰色心理，不是君子在独处时警惕灰色心理。而这段的最后则说"故君子慎其独也"。正确的理解应该是因为君子具有教化小人管理小人的责任、人格力量和能

---

① 朱熹撰，徐德明校点.四书章句集注.上海：上海古籍出版社，2001：9.
② 朱熹撰，徐德明校点.四书章句集注.上海：上海古籍出版社，2001：9.
③ 阮元.十三经注疏下册.礼记正义.北京：中华书局，1980：1673-1674.

力，所以才是君子。如果君子要长期保持教化小人的人格力量，长期掌握治理小人的权力，那就需要"慎其独"，就是不忘齐家治国平天下的初心，如果忘记初心，那便同小人一样，不再是君子了。

朱熹对此段的解释是："此言小人阴为不善，而阳欲掩之，则是非不知善之当为与恶之当去也，但不能实用其力以至此耳。然欲掩其恶而卒不可掩，欲诈为善而卒不可诈，则亦何益之有哉！此君子所以重以为戒，而必谨其独也。"①

朱熹强调君子要以小人为戒，忽略了君子对于小人的教化作用，没有认识到君子只有不忘初心，才具有教化小人的人格和治理小人的力量。再有朱熹不知道"独"是先秦时期君子修养身心的特殊概念，反而将其理解为个人独处的私密时空。"独"字在先秦文献里常用以表示修养内在心性的境界。《庄子》记载孔子目睹老聃沐浴后的感受："丘也眩与，其信然与？向者先生形体掘若槁木，似遗物离人，而立于独也。"②"独"描述的是老聃物我两忘的超然之态。《管子》："去欲则宣，宣则静矣，静则精，精则独立矣。"③"独"是内在心性修养的一种境界。被认为是子思学派作品的《五行说》解释说："慎其独也者，言舍夫五而慎其心之谓者也，然后一。一也者，夫五夫为一心也，然后德之。"④"言至内者之不在外也。是之谓独。独也者，舍体也。"⑤可见，"独"指内心宁静、高度专一。《礼记·大学》中慎其独的"独"指经

① 朱熹撰，徐德明校点.四书章句集注.上海：上海古籍出版社，2001：9.
② 《庄子》.《百子全书》下册.杭州：浙江古籍出版社，1998：1393.
③ 陈鼓应.管子四篇诠释.北京：商务印书馆，2006：141.
④ 郭沂.郭店竹简与先秦学术思想.上海：上海教育出版社，2001：163.
⑤ 郭沂.郭店竹简与先秦学术思想.上海：上海教育出版社，2001：16.

过"格物致知"，经过知止六步所认识到的个人推动社会进步的使命，也就是内在的真实之意，相当于《礼记·中庸》所言的"喜怒哀乐之未发"的中。君子所以要"慎其独"，就是不忘按照事物发展规律以修身齐家治国平天下的初心。忘记了初心便是背叛，便是自欺，便是不诚其意。

4. "诚其意"可以提高人的能力

接下来是"所谓诚其意者"章的第（3）段：

> 曾子曰："十目所视。十手所指"，其严乎。富润屋，德润身，心广体胖，故君子必诚其意。

第（3）段的主题是君子为什么要"诚意"？此段用比喻的形式说明"诚其意"的作用。经济条件好的人会把房屋装修得富丽堂皇，会在屋舍内陈列金石文玩；对社会贡献大的人，会得到人们的认可赞美和各种荣誉。心胸开阔广博，能容纳看开各种如意或不如意之事，没有烦恼，所以新陈代谢好，身体健康。只有"诚其意"才能做到心灵富有、社会贡献大，心胸广博。因为"诚其意"是正心、修身、齐家、治国、平天下的前提条件。富有润屋的效果，德有润身的效果，心宽有体胖的效果，而"诚其意"有治国平天下的效果。要想实现治国平天下的效果，君子必须"诚其意"。孔颖达对此段的解释大致符合原文含义："'富润屋，德润身'者，此言二句为喻也。言家若富，则能润其屋，有金玉又华饰见于外也。'德润身'者，谓德能霑润其身，使身有光荣见于外也。'心广体胖'者，言内心宽广，则外体胖大，言为之于中，必形见于外也。'故君子必诚其意'者，以有内见于外，必须精诚其意，在内心不可虚也。"①

我们再看此段首句引用的曾子之言："十目所视，十手所指，其严乎？"孔颖达针对此言的解释如下：

> 曾子曰："十目所视"者，此经明君子修身，外人所视，不可不诚其意。作《记》之人，引曾子之言以证之。"十目所视，十手所指"者，言所指、视者众也。十目，谓十人之目，十手，谓十人之手也。"其严乎"者，既视者及指者皆众，其所畏敬，可严惮乎。②

孔颖达大意是说人在众目睽睽，多人指指点点的情况下，社会舆论压力大，为了维护自尊或声望，避免耻辱临头，也会将众多灰色心理抑制下去。朱熹对曾子之言的解释与孔颖达接近。如果像孔颖达和朱熹这样解释曾子之言，会发现曾子之言和后面"富润屋，德润身，心宽体胖"极不协调，《礼记·大学》为什么要将极不协调的两句话放在一起呢？富润屋，德润身，心宽体胖，基本是从内到外，从小到大，是积极扩展性的表述。而开头引用的曾子之言按照孔颖达、朱熹等人的解释则是收敛保守消极的气氛，所以我们应该根据富润屋、德润身、心广体胖的积极进取精神来理解曾子之言。

佛教中千手千眼观音可以给我们一些启示，千眼象征无限智慧，千手象征强大能力，曾子之言的大意从积极进取的角度理

---

① 阮元.十三经注疏下册.礼记正义.北京：中华书局，1980：1674.
② 阮元.十三经注疏下册.礼记正义.北京：中华书局，1980：1674.

解，应该是人本来有一双眼睛观察万物，一双巧手做事情，多么希望人有十双眼睛看世界，十双手做事情，也就是一个人能干十个人的工作量，果真如此，那是一件多么美好庄严的事情呀。曾子是孔子的高徒，一生以传播孔子之学为己任，他说："士不可以不弘毅，任重而道远。仁以为己任，不亦重乎？死而后已，不亦远乎？"[①]所以曾子说恨不得多生十双眼睛，十双手，是完全可能的，因为他觉得肩负的使命太重了。

5. 人民不会忘记

《礼记·大学》"诚其意"章的第（4）段是：

> 诗云："瞻彼淇澳。菉竹猗猗。有斐君子。如切如磋。如琢如磨。瑟兮僩兮。赫兮喧兮。有斐君子。终不可諠兮。如切如磋者。道学也。如琢如磨者。自修也。瑟兮僩兮者。恂栗也。赫兮喧兮者。威仪也。有斐君子。终不可諠兮者。"道盛德至善。民之不能忘也。诗云："于戏，前王不忘。"君子贤其贤。而亲其亲。小人乐其乐而利其利。此以没世不忘也。

此段引用了《诗经·国风·卫风》的《淇奥》和《诗经·颂·周颂清庙之什》的《烈文》。《淇奥》被认为是吟咏卫武公的诗。卫国始封于周成王时期，第一位卫国诸侯康叔是周文王之子、武王之弟，卫武公是卫国的第十一任诸侯，在位时间是公

---

① 阮元.十三经注疏下册.论语注疏.北京：中华书局，1980：2487.

元前812—公元前758年。卫武公虽然是通过政变即位，即位后能虚心纳谏，专心治国，卫国国泰民安，社会繁荣。犬戎在公元前770年进攻西周镐京，卫武公拥护周平王东迁，并出任周平王的卿相。毛苌说："《淇奥》，美武公之德也。有文章，又能听其规谏，以礼自防，故能入相于周，美而作是诗也。"①司马迁也肯定卫武公的业绩，"武公即位，修康叔之政，百姓和集。"②因为卫武公的业绩卓著，卫国人以《淇奥》歌颂他。在引用此诗后，《礼记·大学》评论说："民之不能忘也。"也就说卫国人民怀念卫武公。

《烈文》一诗歌颂的是周文王，《礼记·大学》引用的是《烈文》最后一句，全诗内容是："烈文辟公，锡兹祉福。惠我无疆，子孙保之。无封靡于尔邦，维王其崇之。念兹戎功，继序其皇之。无竞维人，四方其训之。不显维德，百辟其刑之。於（wū）乎，前王不忘。"诗歌主要是称颂周文王的功业和贡献，最后说，周文王的功业，后代不会忘记。此段结尾说："君子贤其贤。而亲其亲。小人乐其乐而利其利。此以没世不忘也。"意在总结卫武公和周文王的治理效果：贤者在位，能者在职，在贤能们的共同治理下，大多数人安居乐业，幸福满满。所以在卫武公、周文王去世后，人民仍然怀念他们。

《礼记·大学》这里为何提出人民会纪念那些对百姓福祉社会进步做出贡献的人？这涉及终极关怀问题。中国文化是高度世俗化的文化，不相信神定论，不渴求往生天堂，人生的所有价值都在于是否为人民福祉做出贡献。"诚其意"是将外在理论升华

---

① 阮元.十三经注疏上册.毛诗正义.北京：中华书局，1980：320.
② 司马迁.史记.北京：中华书局，1963：1591.

为内在情感，将知识转化为实践的关键，个人是否能推动社会进步取决于"诚其意"。然而在死亡面前，有贡献的人和无贡献的人是平等的，都会死亡。不同的是有贡献的人会被后人纪念，无贡献的人则随着生命的消逝而消逝。《礼记·祭法》说："夫圣王之制祭祀也，法施于民则祀之，以死勤事则祀之，以劳定国则祀之，能御大灾则祀之，能捍大患则祀之。"①中国文化把个体生命的永恒寄托在被后人纪念中，在后人的纪念中，个体生命获得终极意义的永恒。

6.君子会竭尽全力造福社会

"所谓诚其意者"的第（5）段的内容如下：

> 康诰曰："克明德。"大甲曰："顾諟天之明命。"帝典曰："克明峻德。"皆自明也。汤之盘铭曰："苟日新。日日新。又日新。"康诰曰："作新民。"诗曰："周虽旧邦。其命惟新。"是故君子无所不用其极。

这段中引用四条《尚书》、一条《诗经》和汤之盘铭中的资料，首先需要对所引资料做一个简单解释。

"克"是能够的意思，"明"是实现完成的意思，"德"是恩惠、福佑的意思。《尚书·康诰》的"克明德"和《尚书·尧典》的"克明俊德"含义比较接近，是能够完成造福社会的伟大事业。天命是什么？《周易》中说："天地之大德曰生，圣人之大

---

① 阮元.十三经注疏下册.礼记正义.北京：中华书局，1980：1590.

宝曰位。"治国理政者能让人民生活更加幸福便是履行上天赋予的使命。《尚书·太甲》的"顾諟天之明命"的意思是不要忘记上天赋予的使命。《诗经·文王》中"周虽旧邦，其命惟新"的意思是周虽然是古老国家，周的后代之王不会忘记上天赋予的使命。创造伟大事业，实现伟大梦想，需要创业者自己去努力，这便是"自明"的意思。如何不断地努力呢？创业者要像汤之盘铭说的那样，每天都要学习、进步和提高。自我努力为的是让人民有进步，能够分享文明进步的成果。为了实现国治天下平，君子会采用各种方法去尝试和实践，便是君子无所不用其极。

7. 工作和生活的基本原则

接下来是"所谓诚其意者"的第（6）段：

> 诗云："邦畿千里，惟民所止。"诗云："缗蛮黄鸟，止于丘隅。"子曰：于止，知其所止，可以人而不如鸟乎。诗云："穆穆文王，于缉熙敬止。"为人君止于仁。为人臣止于敬。为人子止于孝。为人父止于慈。与国人交止于信。

此段引用《诗经》材料三条，孔子的言论一条。"邦畿千里，惟民所止"出自《诗经·商颂·玄鸟》，此诗是祭祀商代中兴之王武丁的，此大意是在武丁的治理下，王畿地区十分繁荣，成为全国人民向往和依止的地方。"缗蛮黄鸟，止于丘隅"出自《诗经·小雅·都人士之什·绵蛮》，此诗主题是吟咏社会底层的艰辛和期盼，哀叹社会底层的工作生活还不如小鸟自由自在。大意是毛绒绒的可爱小黄雀，在山坡上或止或翔。故在此句后引用孔子的话，叹息人生活得还不如小鸟。"穆穆文王，于缉熙敬止"出自歌颂周文王的人格和成绩的《诗经·大雅·文王之什·文王》，意思是高尚的文王，像太阳的光明一样令人仰止。正像人民依止于繁荣的王畿地区而生活，小鸟栖息山坡而生活一样，人的工作和生活也应该有个基本规则，君主应该坚守仁，大臣应该坚守敬，儿子应该坚守孝，父亲应该坚守慈，人际关系之间应该坚守信。不同身份的人坚守相应的基本原则，就可以治理好国家，人民自然和谐幸福。

8.治国理政的标准是人民满意

"所谓诚其意者"的最后一段，即第（7）段是：

> 子曰："听讼吾犹人也，必也使无讼乎？"无情者不得尽其辞，大畏民志，此谓知本。

此段引用孔子的话，说断案我和别人是一样的，让争执的双方都满意，不再有纷争。《礼记·大学》在此句后议论说：对人民没有感情的人是不能理解孔子此言的，要敬畏人民的心声，关心人民的需要，认识到这一点，便是认识到了治国理政的根本是人民满意。

《礼记·大学》"所谓诚其意者"章引用《尚书》《诗经》中的材料，并在材料后加以评论，通过这种形式丰富完善"诚其意"的思想，所引用的材料与简洁的评论之间有内在逻辑关系。第（4）段的着重点有二：一是强调"诚其意"之目的是治国平天下；二是治国平天下可以实现个人生命的永恒。凡是为人民福祉和社会进步做出贡献的人，人民不会忘记他们，历史不会忘记他们。后人通过祭祀怀念他们，他们治国平天下的思想和实践通过后人祭祀的方式教育启发着后人。第（5）段的着重点是造福社会的功业都是建功立业者以大无畏的精神，以艰苦卓绝的实干实现的。诚意之后，治国平天下的动力是内在的无穷的，为了治国平天下不会等待、犹豫、观望，而是有条件要上，没有条件，创造条件也要上。第（6）段重点是治国平天下需要社会各阶层的广泛参与，每个阶层的人民需要遵守各自阶层和身份的基本要求开展工作。第（7）段的着重点是诚意、正心、修身、齐家、治国、平天下不能脱离人民的要求和愿望。

9.朱熹师心自用，重编《大学》，乱坏"所谓诚其意者"章

朱熹撰写《四书章句集注》，将《大学》从《礼记》中抽出，变乱《礼记·大学》原文，重新编排次序，作为《四书章句集注》的第一书。朱熹将《礼记·大学》提出三纲八目的首章当作孔子之言，作为朱熹版《大学》的经一章，其他所有内容被朱熹分为传十章，是专门解释经一章的。朱熹版《大学》对《礼记·大学》的"所谓诚其意者"章被朱熹乱坏最为严重，主要表现在他将《礼记·大学》"所谓诚其意者"中引用《尚书》《诗经》的材料及材料后简洁评论完全拆散，分别编入朱熹所谓的传十章中。

他将第（5）段中引用《尚书》的《康诰》《太甲》和《尧典》资料，作为传的第一章，专门解释经一章中的"明明德"。将第（5）中引用汤之盘铭和《诗经·大雅·文王之什·文王》的材料作为传第二章专门解释经一章的"新民"。

朱熹将《礼记·大学》"所谓诚其意者"章的第（4）段引用的《诗经·国风·卫风·淇奥》和第（6）段引用的《诗经商颂玄鸟》《诗经·小雅·都士人之什·绵蛮》《诗经·大雅·文王之什·文王》及孔子之言，合并起来作为他所谓传的第三章，作为经一章中"止于至善"的佐证。

朱熹又将《礼记·大学》"所谓诚其意者"章的第（6）段中孔子听讼之言作为朱熹版《大学》传第四章，作为经一章中本末的佐证。

《礼记·大学》"所谓诚其意者"章广泛引用《尚书》《诗经》等经典材料以丰富和完善引申"诚其意"的思想，朱熹则将这些材料及相关评论分成传四章分别作为明明德、亲民、止于至善和本末的佐证，《礼记大学》"所谓诚其意者"章被彻底重分。这样做说明朱熹既没有弄清"明明德""亲民""止于至善"的本义，更不明白"所谓诚其意者"章的内在逻辑，师心自用，完全按照自己的理解乱坏经典。

南怀瑾先生在《原本大学微言》中对此做出极为严重的批评，他说："由此看来，古今中外的大学问家，我慢我见，是如此的固执己见。比之玩弄权术的人，同样是扭曲别人的'慧命'，未免罪过。但反而因此能享千古盛名，岂非命运乎！其实，原本《大学》本来就有它自己的次序，也可以说它本来就有它自己的'逻辑'系统。例如现在看他个别列出'诚意'这个主题来讲，无论是他自说"诚意"的内涵，或是引用经典来做说明，都是很有条理来阐明"诚意"内外兼修的作用。不需要朱熹来改正重编，好像曾子对文字写作不懂章法，排列颠倒，必须要等千年以后，出个"朱大圣人"来修改一番，才使儒家孔门的学问重新增光。"①

除了南怀瑾先生指出的固执己见外，朱熹重新编排《大学》的原因还有援佛入儒，建设儒家心性论和修行方法，最后成为南方中小地主阶层安身立命的精神资源。

《礼记·大学》本是内圣外王之书，最终目的是实现国治天下平的外王，经过朱熹的重新编排和注释，外王思想萎缩消解，成为脱离外王的内圣之书，以至于真德秀在《大学衍义》中欠缺对治国平天下的研究。长江流域经过长期开发，北宋时期成为中国的经济重心，中小地主阶层力量壮大。南宋时期，中央政府南迁，中国北方被金元占领，南方所承担政治经济军事压力骤然增加。南方中小地主阶层不愿意对整个国家利益承担更多的义务，他们希望南宋朝廷施行自由主义、"无为而治"，理学从文化上反映了他们的政治诉求。

① 南怀瑾.原本大学微言.北京：世界知识出版社，1998：247.

乙
编

《中庸》本义

《中庸》是《小戴礼记》的第三十一篇,《大学》为《小戴礼记》的第四十二篇,位居《大学》之前。朱熹撰写《四书章句集注》时,《大学》则为第一书,《中庸》为第二书。《中庸》是先秦经典中研究和传播儒家内圣外王思想的经典之作,找到人心性中内在的中,相当于内圣;让中以和的形式表达出来,相当于外王。外王是实现天地位万物育的目的,这便是中之庸。所以"中庸"的字面意思是内在心性的功用。

《中庸》一书的主题是探讨如何体认心性内在之中,并使其发挥天地位、万物育的功用。而程朱理学的集大成者朱熹在其代表作《四书章句集注》中,将"中"解释为不偏不倚,过犹不及,完全无视《中庸》一书中对"中"的定义——喜怒哀乐之未发谓之中。"庸"本为用义,相当于现代汉语的功用,朱熹则将其解释为平常,这是将中庸——中之用——玄学化。《中庸》的"莫见乎隐、莫显乎微""慎独"等本是先秦儒家内业修炼的方法,朱熹则将其理解为警惕灰色心理的邪念邪行的伦理道德修养方法,"诚"是《中庸》的重要范畴,论述众多,程朱理学没有根据字义和义理严谨的研究诚,而是一刀切,简单化地用真实无妄解释"诚",从而淹没了"诚"范畴的丰富性系统性。

《中庸》要发挥人内在心性的功用,首先需要体认到人内在的"中",找到"中"后,人只有变得明和强,才能实现天地位万物育的目标。所以《中庸》既有体认内心之中的方法,又有让人变得明强的方法,这些内容都被程朱理学忽略或误读。中华民族伟大复兴,当然包括中华优秀传统文化的复兴,中华优秀传统文化可不是用以装点生活的唐诗宋词,也不仅是丰富业余生活的昆曲京剧,而是可以解决实际问题的。

《中庸》蕴含着丰富深刻的教育哲学。要弄清《中庸》的价值,用以解决问题,首先就要超越宋明理学对《中庸》的误读,知晓《中庸》本义,才能实现用中国文化解决中国问题的目的。

一、"中庸"一词的真实含义

"中庸"一词有两种用法：一是普通平常，一是儒家经典中特有的内在心性之功效。"中"的核心字义是内，"庸"的核心字义是功效，《礼记·中庸》的"中庸"一词就从这两个字义运用中、庸二字的，这样"中庸"一词的含义就是内在心性之功用。

程朱理学忽略了中、庸二字的核心字义，将"中"解释为不偏不倚，将"庸"解释为平常，完全误解了经典的本义。

佛教解释经典十分重视解释经典的标题，认为某部经典的标题是此经要旨的体现，读者一看标题，便可明了此经之大概。天台宗讲解经典，把总释名题（讲解某部经典标题的含义）作为解释经典的第一个环节。借鉴佛教经典的研读经验，我们也对《中庸》这个标题的含义作一探索。

《中庸》为战国时期子思所作，西汉戴圣所编《小戴礼记》收录全文，作为第三十一篇。"中庸"一词最早为孔子所使用，孔子说："中庸之为德也，其至矣乎！民鲜久矣。"①子思创作《中

---

① 阮元.十三经注疏下册.论语注疏.北京：中华书局，1980：2479.

庸》也收录了孔子这句话，只是相对详细而已。孔子和子思对
"中庸"极为重视，孔子以"中庸"为至德，子思以"中庸"作
为标题，但祖孙二人都没有详解说明"中庸"一词的含义。

战国时期也有文献使用"中庸"一词，以表述行为规范之达
标和人的中等能力。《礼记·丧服》曰："始死。三日不怠。三月
不解。期悲哀。三年忧。恩之杀也。圣人因杀以制节。此丧之所
以三年。贤者不得过。不肖者不得不及。此丧之中庸也。王者之
所常行也。"[①]此处"中庸"一词的含义是适当、符合的意思。荀
子说："贤能不待次而举，罢不能不待须而废，元恶不待教而诛，
中庸不待政而化。"[②]荀子将中庸一词作为品格能力一般的意思来
使用。

很显然中庸的这两个词义不是孔子、子思所说至德之"中
庸"的含义，因为子思在《中庸》中专门定义"中"是喜怒哀乐
之未发，而《礼记·丧服》和荀子的"中庸"的"中"是日常含
义，并非子思所说的"喜怒哀乐之谓发，谓之中"的"中"。

孔子认为"中庸"是至德，子思将"中庸"一词作为标题，
祖孙二人所理解的"中庸"绝不是适当和一般的意思，而是从超
越日常用语的高度使用。这样我们就有必要研究孔子、子思所说
的"中庸"本义。

1. "中"的核心字义

先秦时期经典主要从下面的含义使用"中"字。第一，两端
之间的顺序和等级，《左传》："大者不过三国之一，中者五之一，

---

① 阮元.十三经注疏下册.论语注疏.北京：中华书局，1980：1695.
② 邓汉卿.荀子绎评.长沙：岳麓书社，1994：164.

小者九之一。"①第二，在……内。《左传》："大隧之中，其乐也融融。"②第三，内心。《左传》："信不由中，质无益也。"③第四，射中。《左传》："祝聃射中王肩。"④第五，正确、符合标准或事实之意。《左传》："赐不幸而言中。"⑤《晏子春秋》："衣冠不中，不敢以入朝。"⑥第六，子思说："喜怒哀乐之未发谓之中。""中"字的主要字义是：在……之内、正确符合标准、内心等几种。综合上述几个含义，"中"的核心字义是内，所以许慎说："中，内也。"⑦

程朱关于"中"的解释和先秦文献有一定差异。程颢认为："中则不偏。"⑧程颐说："中者只是不偏，偏则不中。"⑨先秦文献的"中"有正确、符合标准的含义，却没有不偏的含义。二程以不偏释"中"完全是出于自己的理解，缺乏字义的根据。朱熹在二程的基础上解释更详细，他在解释"喜怒哀乐之未发，谓之中，发而皆中节谓之和"时说："喜怒哀乐，情也。其未发，则性也，无所偏倚，则谓之中。"⑩朱熹的解释细读起来，十分矫情，作为情的喜怒哀乐没有表达出来时，当然无所偏倚，这根本不需要解释。朱熹完全可以根据子思的原话来解释，没有表达出来

① 阮元.十三经注疏下册.春秋左传正义.北京：中华书局，1980：1716.
② 阮元.十三经注疏下册.春秋左传正义.北京：中华书局，1980：1716.
③ 阮元.十三经注疏下册.春秋左传正义.北京：中华书局，1980：1725.
④ 阮元.十三经注疏下册.春秋左传正义.北京：中华书局，1980：1748.
⑤ 阮元.十三经注疏下册.春秋左传正义.北京：中华书局，1980：2152.
⑥ 晏子春秋.百子全书上册.杭州：浙江古籍出版社，1998：445.
⑦ 许慎撰，段玉裁注.说文解字注.上海：上海古籍出版社，1981：20.
⑧ 卫湜.中庸集说.桂林：漓江出版社，2011：1.
⑨ 卫湜.中庸集说.桂林：漓江出版社，2011：1.
⑩ 朱熹撰，徐德明校点.四书章句集注.上海：上海古籍出版社，2001：21.

就是内，"中"就是内心的含义。而朱熹却固执地用无所偏倚释
"中"，以表示他和二程的一脉相承。朱熹解释"君子中庸，小人
反中庸"说："中庸者，不偏不倚、无过不及而平常之理。"①子
思说喜怒哀乐没有表达出来叫做"中"，既然没有表达出来，哪
里会有什么不偏不倚、不过不及，就如同一个尚未形成胚胎的婴
儿，怎么会有性别呢？如果无视子思所说"喜怒哀乐之未发谓之
中"一言，程朱将"中"解释为不偏不倚、无过不及是可以的。
可是程朱解释子思创作的《中庸》，而在解释"中"时却把子思
原意置之不理，却根据自己的需要妄加解释，太霸蛮。假如子思
九泉之下有知，发现有人如此颠倒黑白的解释自己的著作，非揭
棺而起不可。

2. "庸"的核心字义

"庸"的主要字义如下，第一，功勋。《周礼》："五曰保
庸。"②郑玄认为，保庸是"安有功者"③的意思。孔颖达疏说："五
曰保庸者，保安也。庸，功也。有功者上下俱赏之以禄，使心安
也。"④第二，采纳。《尚书·大禹谟》："无稽之言勿听，弗询之谋
勿庸。"⑤郑玄注曰："无考无信验，不询专独，终必无成，故戒勿
听用。"⑥第三，雇佣。《墨子》："傅说被褐带索，庸筑于傅岩。"⑦

① 朱熹撰，徐德明校点.四书章句集注.上海：上海古籍出版社，2001：22.
② 阮元.十三经注疏上册.周礼注疏.北京：中华书局，1980：646.
③ 阮元.十三经注疏上册.周礼注疏.北京：中华书局，1980：646.
④ 阮元.十三经注疏上册.周礼注疏.北京：中华书局，1980：647.
⑤ 阮元.十三经注疏上册.尚书正义.北京：中华书局，1980：136.
⑥ 阮元.十三经注疏上册.尚书正义.北京：中华书局，1980：136.
⑦ 《墨子》.《百子全书》上册.杭州：浙江古籍出版社，1998：717.

第四，任用。《左传》："庸勋、亲亲、昵近、尊贤，德之大者。"郑玄注曰："庸，用也。"①孔颖达疏曰："其庸，即用也。用其有功勋者。"②第五，普通、平常。《韩非子·五蠹》："布帛寻长，庸人不释。"③是说很少的布料，平常人、普通人都不肯放弃而想占有。"庸"字义有功勋、采纳、雇佣、任用、普通等，采纳某种建议、任用有能之人，方能取得良好效果，立下功勋，功勋和效果是普通人可以观察到、感受到的，所以"庸"的字义虽然较多，而彼此之间存在密切关联。

东汉许慎是如何解释"庸"的呢？许慎《说文解字》认为"庸，用也。从用庚。庚，更事也。"④《说文解字》说："用，可施行也。"⑤也就是说"庸"的核心字义是采纳、运用。《说文解字》说："更，改也。"⑥这样"庚，更事也"便是改变事物的意思。《说文解字》专门解释庚说："庚，位西方，象秋时万物庚庚有实也。"⑦段玉裁注曰："庚之言更也，万物皆肃然更改，秀实新成。"⑧许慎的意思是说，庚的意思是因秋天到来气温降低，植物由夏季的枝繁叶茂，变得成熟，结下果实。所以庚有改变和结果的含义。许慎说"庸"应该从用和庚两个字来理解，"用"有运用之义，"庚"有变化和结果之义，所以"庸"的核心字义烦琐的解释是运用某种方法改变事物并取得良好效果，简单的解释便

① 阮元.十三经注疏下册.春秋左传正义.北京：中华书局，1980：1818.
② 阮元.十三经注疏下册.春秋左传正义.北京：中华书局，1980：1818.
③ 《韩非子》.《百子全书》上册.杭州：浙江古籍出版社，1998：537.
④ 许慎撰，段玉裁注.说文解字注.上海：上海古籍出版社，1981：128.
⑤ 许慎撰，段玉裁注.说文解字注.上海：上海古籍出版社，1981：128.
⑥ 许慎撰，段玉裁注.说文解字注.上海：上海古籍出版社，1981：124.
⑦ 许慎撰，段玉裁注.说文解字注.上海：上海古籍出版社，1981：741.
⑧ 许慎撰，段玉裁注.说文解字注.上海：上海古籍出版社，1981：741.

是功用、效果。

《庄子·齐物论》中"用"和"庸"出现在同一语境，"唯达者知通为一，为是不用而寓诸庸。"①陈鼓应这样翻译此句："只有通达之士才能了解这个通而为一的道理，他不用个人的成见而寄托在各物的功用上。"②"为是不用"的"用"，是动词运用的意思，"寓诸庸"的"庸"是名词，为功用之义。陈鼓应的现代汉语翻译正巧暗合许慎对"用"和"庸"的解释。

程朱理学对"庸"的解读，完全脱离先秦秦汉时期"庸"的核心字义，程颢说："中则不偏，尝则不易，唯中不足以尽之，故曰中庸。"③程颐认为："庸只是常，庸者，定理也，天下不易之理。"④大程认为"庸"是不易的意思，小程认为"庸"是恒定的意思。先秦文献中，常多为普通平常之意，表示永恒的字是"恒"，只是为避汉文帝刘恒之讳，才以"常"字替代"恒"字，于是常才有不易，恒定的含义应是西汉以后的事情了。朱熹在解释"庸"时，则尽量弥补二程的漏洞，将"庸"解释为普通平常，他说："庸，平常也。"⑤有人发现朱熹的解释与二程不同，而询问朱熹时，朱熹回答说："唯其平常，故可常而不可易。若惊世骇俗之事，则可暂而不得为常矣。二说虽异，其致一也。"⑥朱熹在这里转个弯子，曲线救程，认为只有普通方能恒定而不易。由此可见，程朱对于"庸"的解释与"庸"的核心字义偏离太远！

---

① 陈鼓应.庄子今注今译上册.北京：商务印书馆，2016：76.
② 陈鼓应.庄子今注今译上册.北京：商务印书馆，2016：81.
③ 卫湜.中庸集说.桂林：漓江出版社，2011：1.
④ 卫湜.中庸集说.桂林：漓江出版社，2011：1.
⑤ 卫湜.中庸集说.桂林：漓江出版社，2011：4.
⑥ 卫湜.中庸集说.桂林：漓江出版社，2011：5.

明末清初的王夫之早就认识到朱熹将"庸"解释为平常有问题，可惜理学思想的研究者们忽略甚至无视王夫之的创建。王夫之《读四书大全说》写道：

> 若夫庸之为义，在《说文》则云'庸，用也'；（字从庚从用，言用之更新而不穷。）《尚书》之言庸者，无不与用义同； 自朱子以前，无有将此字作平常解者。（《庄子》言"寓诸庸"，庸亦用也。）《易·文言》所云"庸行""庸言"者，亦但谓有用之行、有用之言也。盖以庸为日用则可，（日用亦更新意。）而于日用之下加"寻常"二字，则赘矣。道之见于事物者，日用而不穷，在常而常，在变而变，总此吾性所得之中以为之体而见乎用，非但以平常无奇而言审矣。①

3. "中庸"的真实含义

孔子、子思所用"中庸"一词完全不同于日常使用的中庸一词的含义。在弄清中、庸二字的核心字义后，我们就越来越接近"中庸"的真实含义了。子思说："喜怒哀乐之未发，谓之中，发而皆中节，谓之和。中也者，天下之大本也，和也者，天下之达道也，致中和，天地位焉，万物育焉。"喜怒哀乐为情，是心性的表达，喜怒哀乐没有表达出来之前的那个状态就是中。"中"以中节的方式表达出来，叫做和。"中"是天下的最大根本，

---

① 王夫之.读四书大全说.北京：中华书局，1975：62.

"和"是"中"表达出来的基本方式。

如果"中"能够以"和"的方式表达出来，那就天地各安其位，万物生机勃勃。这段话就是"中庸"真实词义的一种表达方式，郑玄注《礼记·中庸》时，主要参考了这句话，认为"中庸"是"中和之用也"①。他认为："中为大本者，以其含喜怒哀乐礼之所有生，政教自此出也。"②郑玄基本是根据子思原文理解"中庸"一词的真实含义的，二程、朱熹则忽略子思的文本，将"中庸"分别解释为"中则不偏，常则不易，唯中不以尽之，故曰中庸"③；"中者只是不偏，偏则不是中。庸只是常。犹言：中者是大中也，庸者是定理也。定理者，天下不易之理"④；"中庸者，不偏不倚、无过不及而平常之理。"⑤二程朱熹关于"中庸"真实含义的解释与郑玄大为迥异，更脱离先秦秦汉时期的中、庸二字的核心字义。参照郑玄对"中庸"一词的解释与先秦秦汉时期中、庸二字的核心字义，"中庸"的真实原本的含义当是内在心性表达出来用以改造世界所取得的良好功用，简洁而言，中庸是内在心性之功用。王夫之解释"中庸"更加精练："'中庸'者，言中之用也。"⑥

---

① 阮元.十三经注疏下册.礼记正义.北京：中华书局，1980：1625.
② 阮元.十三经注疏下册.礼记正义.北京：中华书局，1980：1625.
③ 卫湜.中庸集说.桂林：漓江出版社，2011：1.
④ 卫湜.中庸集说.桂林：漓江出版社，2011：1.
⑤ 朱熹撰，徐德明校点.四书章句集注.上海：上海古籍出版社，2001：22.
⑥ 王夫之.读四书大全说.北京：中华书局，1975：63.

二、从先秦内业思想和《老子》认识中庸

"内业"一词较早出现在《管子》中，却反映出先秦时期学人普遍重视内在心性修养的现象。《汉书·艺文志》儒家类中著录有《内业》十五篇，可惜此书未能传世。《老子》对人内在心性的研究最为深入，多次使用"中"字表述内在心性，这是我们将"中庸"解释为内在心性之功用的思想文化背景。仅从文字字义角度讨论"中庸"的真实本来含义还不足以说明问题，还要从先秦时期普遍重视内业的思想和《老子》关于"中"的讨论来认识"中庸"的真实本来含义，这是"中庸"的社会文化基础。

1. 从先秦普遍重视内业的思想背景认识中庸

"内业"一词出自《管子》，与事业相对应，意指修养心性，超越人的欲望、具体现象和知识的约束，开发人的内在智慧，以认识和证悟人生社会和宇宙之大道。《管子》中的《内业》《心性》（上下）、《白心》四篇专门讨论心性修养。

事实上，春秋战国时期，中国学术普遍重视内业的研究，《周易》："形而上者谓之道，形而下者谓之器，化而裁之谓之变，

推而行之谓之通，举而措诸天下之民谓之事业。"①内业和事业是一个整体。内业是对道的体认和转化，事业是内业成果的外在应用，是外在事功。没有内业修养实现对道的理解证悟，便没有事业的成功。《老子》分为《道经》和《德经》，《道经》重点研究道的哲学意义、道的形象、证道的方法。《德经》研究道在养生、治国等方面的应用。先秦时期中国文化重视内业还表现为此时和以后的不少文献分为内、外，比如内篇、外篇，内经、外经等。

首开内、外篇分类先例的是《庄子》。《汉书·艺文志》著录有《黄帝内经》《黄帝外经》《扁鹊内经》《扁鹊外经》《淮南鸿烈·内篇》《淮南鸿烈·外篇》。先秦文献的内篇、内经部分主要研究内业修炼的核心思想，即道的研究和修证，外篇、外经部分主要是内业所证之道的应用。可见重视内业的修养，开发内在心性所蕴含的智慧，理解和证悟大道是先秦学术的时代风格。儒家同样重视内业，孔子认识到内业的重要性，感叹"朝闻道，夕死可矣。"②儒学有专门心性修养的理论和方法，《汉书·艺文志》儒家类中著录有："《内业》十五篇，不知作书者。"③儒家《内业》一书东汉以后佚失，我们无从知道其内容。但是这足以证明儒家有自己修炼内在心性的理论和方法，不像子贡所说："夫子之言性与天道，不可得而闻也。"④孔子说："中庸之为德也，其至矣乎！民鲜久矣。"⑤而"中庸"一词在《论语》中仅现一次，可见孔子的学生对中庸思想并不重视。《中庸》第一章重点讨论性、道、

---

① 阮元.十三经注疏上册.周易正义.北京：中华书局，1980：83.
② 阮元.十三经注疏下册.论语注疏.北京：中华书局，1980：2471.
③ 班固.汉书.北京：中华书局，1962：1725.
④ 阮元.十三经注疏下册.论语注疏.北京：中华书局，1980：2474.
⑤ 阮元.十三经注疏下册.论语注疏.北京：中华书局，1980：2479.

教等，因此儒学内业修养的核心思想应该是中庸。子思认识到中庸的重要性，整理和弘扬孔子的中庸范畴而作《中庸》。中庸是孔门内业之学的另一个根据是：《管子》中《内业》《心术》上下、《白心》四篇所讨论的重要范畴。"定心在中，耳目聪明，四枝坚固，可以为精舍。"① "治心在于中，治言在于口，治事加于人，然则天下治已。"② "形不正，德不来。中不静，心不治。正形摄德，天仁地义，则淫然而自至。神明之极，照乎知万物，中守不忒。不以物乱官，不以官乱心，是谓中得。"③《老子》一书"中"也是重要范畴。"多言数穷，不如守中。"④ 孔子曾问礼于老子，从老子那里接受"中"的思想，是完全可能的。

先秦学术重视内心修养，强调内业和事业的系统性。"中"有内心之意，故孔子以中庸作为心性修养的核心范畴。如果以内在心性的含义解释中庸一词的"中"字，那么"中"的含义显现要比程朱单纯以"不偏不倚、无过不及"更符合先秦学术重视内业的思想背景。

2.从《老子》对中的解释认识中庸

先秦各个学派重视心性修炼，探索人的内在世界，并根据自己对内在世界的感受，对内在世界加以描述，最经典的莫过于《老子》。文字是客观事物、社会生产生活现象、人的行为与较容易感知的心态和情态的表征，通过修养心性所获得的独特内在精

---

① 陈鼓应.管子四篇诠释.北京：商务印书馆，2006：100.
② 陈鼓应.管子四篇诠释.北京：商务印书馆，2006：104.
③ 陈鼓应.管子四篇诠释.北京：商务印书馆，2006：107.
④ 道德经.百子全书下册.杭州：浙江古籍出版社，1998：1337.

神体验，文字很难描述。《老子》大量运用比较具体的器物和现象比喻道的相状。《帛书老子甲本》："道盅，而用之又弗盈也。"①今本《老子》："道冲而用之，或不盈。"② 盅、冲被用以比喻抽象的道的相状。《说文解字》："盅，器虚也。从皿，中声。老子曰，道盅而用之。"③ "盅"为酒器因中间空，方能盛装酒，所以"盅"的声旁"中"有空义。《说文解字》："冲，涌摇也。从水中声。"④水流于河谷，河谷为空，声旁中表示空。从盅、冲二字看，"中"字有空义。《老子》："三十辐共一毂，当其无有，车之用。埏埴以为器，当其无，有器之用。凿户牖以为室，当其无有，室之用。有之以为利，无之以为用。"⑤老子强调车轮、陶器、房屋中间为无，故"中"有无意。《老子》："天地之间，其犹橐籥乎。虚而不屈，动而俞出。多言数穷，不如守中。"⑥橐内为虚，故"中"有虚意。证道之后会有"空、虚、无"之感，"空、虚、无"中并非一无所有，只是语言无法描述，故老子说："视之不见名曰夷。听之不闻名曰希。抟之不得名曰微。"⑦"道之为物惟恍惟惚。惚兮恍兮，其中有象。恍兮惚兮，其中有物。窈兮冥兮，其中有精。"⑧

通过分析《老子》对道的表述，可以得出两点认识：第一，

---

① 高明.帛书老子校注.北京：中华书局，1996：239.

② 道德经.百子全书下册.杭州：浙江古籍出版社，1998：1337.

③ 许慎撰，段玉裁注.说文解字注.上海：上海古籍出版社，1981：212-213.

④ 许慎撰，段玉裁注.说文解字注.上海：上海古籍出版社，1981：547.

⑤ 道德经.百子全书下册.杭州：浙江古籍出版社，1998：1338.

⑥ 道德经.百子全书下册.杭州：浙江古籍出版社，1998：1337.

⑦ 道德经.百子全书下册.杭州：浙江古籍出版社，1998：1339.

⑧ 道德经.百子全书下册.杭州：浙江古籍出版社，1998：1341.

万物因空、虚、无，才有功用，蕴含着中之用意思。第二，道虽有空、虚、无的相状，而空虚无中并非一无所有，而是有一种难以言表的微妙存在。这有助于加深认识中庸的丰富内涵。子思说"喜怒哀乐之未发谓之中"，是说只有不执迷喜怒哀乐等可感知的情绪、情感活动，找到使人产生情绪情感活动的那个更深的因素，这个因素才是子思说的"中"。

三、《中庸 · 天命章》详解

　　《中庸·天命章》，即《中庸》第一段，是子思研究孔子中庸范畴的经典之作，是子思中庸思想的系统表达，更是中国文化内圣外王思想的精炼概括，既包含内圣修为的方法，也涵盖了外王思想。这一章文字虽少，可以分为坦呈基本认识，传授心性修炼方法，赋予中、和以儒家特殊理解，说明中、和的功用等六个层次。郑玄和朱熹等人误读了《中庸》慎独思想，将慎独理解为在独处的私密空间内要警惕灰色心理，实际上慎独是内在心性修炼的方法和感受，经过慎独体认到内在的"中"。

　　《中庸·天命章》是子思研究孔子中庸范畴的经典之作，是子思中庸思想的系统表达。充分考虑先秦字义、先秦学术重视内业的思想背景和《老子》一书对中的哲学思考，将子思的中庸思想置于三个背景下来研究是极有必要的。这样就可以从程朱"不偏不倚，过犹不及"的玄学化认识中解放出来，明白中庸的深刻含义，运用中庸思想指导人们修养心性，让内在的中发挥作用，以增进社会的发展、幸福与和谐。《中庸·天命章》分为六个层次，层层递进，全面表达了子思的中庸思想，为表述方便特录此章全文：

> 1.天命之谓性，率性之谓道，修道之谓教。2.道也者，不可须臾离也，可离非道也。3.是故君子戒慎乎其所不睹，恐惧乎其所不闻。莫现乎隐，莫显乎微，故君子慎其独也。4.喜怒哀乐之未发谓之中，发而皆中节谓之和。5.中也者，天下之大本也，和也者，天下之达道也。6.致中和，天地位焉，万物育焉。

下面按六个层次具体阐述子思的中庸思想。

1.坦呈基本认识

此节中，子思交代了他对天命、人性、道和教的基本认识。孔子关于性命的论述最系统的资料在《孔子家语》中，孔子认为："分于道谓之命，形于一谓之性，化于阴阳，象形而发谓之生，化穷数尽谓之死。故命者，性之始也，死者，生之终也，有始则必有终矣。人始生而有不具者五焉，目无见、不能食、不能行、不能言、不能化。及生三月而微煦，然后有见，八月生齿，然后能食，三年腮合，然后能言，十有六而精通，然后能化。阴穷反阳，故阴以阳变，阳穷反阴，故阳以阴化。是以男子八月生齿，八岁而龀，女子七月生齿，七岁而龀，十有四而化，一阳一阴，奇偶相配，然后道合化成，性命之端，形于此也。"① 子思"天命之谓性"便脱胎于此。而要了解孔子的性命思想有必要以

---

① 杨朝明、宋立林.孔子家语通解.济南：齐鲁书店，2013：308.

字义入手。

傅斯年的《性命古训辩证》①一文为我们了解命的字义提供了极大的便利。傅斯年认为"命"字源于"令"字，甲骨文、金文"令"为象形字，一个人跪坐在宫殿中，接受上级或上天的发出的号令。"命"字是西周后期由"令"字衍生而来的异体字，令的另一种写法，这种写法从口从令，甲骨文金文的"令"被简化，左边加口字。下级以跪坐的形式接受上级口宣的号令。应该说，"命"字也是象形字，比"令"所象的元素更多。

既然是命令，就有两层含义，第一层含义是下达命令的行为，相当于动词。第二层含义是所传达命令的内容。命令作为动词是要求下级完成某件事务，达到一定目标。而作为名词使用时，命令内容十分具体，无法进行概括，所以古代字书重点从动词角度解释命，如许慎认为："命，使也，从口令。"②"使，令也。"③"令，发號也。"④

"性"字的出现晚于"生"字，生作为动词表示出生，性作为名词表示出生这一动作的结果和禀赋，傅斯年说："生之本义为表示出生之动词，所赋之质亦谓之性。"⑤他还说："所谓性者，表禀赋者也，词指为质材。"⑥分于道谓之命，形于一谓之性，意思是说人的生命起源于天地宇宙之运行，与生俱来的各种禀赋叫

---

① 刘梦溪.中国现代学术经典·傅斯年卷.石家庄：河北教育出版社，1996.
② 许慎撰，段玉裁注.说文解字注.上海：上海古籍出版社，1981：57.
③ 许慎撰，段玉裁注.说文解字注.上海：上海古籍出版社，1981：376.
④ 许慎撰，段玉裁注.说文解字注.上海：上海古籍出版社，1981：430.
⑤ 刘梦溪.中国现代学术经典·傅斯年卷.石家庄：河北教育出版社，1996：71.
⑥ 刘梦溪.中国现代学术经典·傅斯年卷.石家庄：河北教育出版社，1996：108.

做性。这里的"命"既不是动词的命令，也不是命令的内容，其义是人的生命整体，包括人的自然属性和社会属性，包括了生死之间的一切。郭店楚简是子思学派的文献，其中的《性自命出》中有"性自命出，命自天降，道生于情，情始于性。"①此言之义与"分于道谓之命，性于一谓之性"十分接近，人的生命来自天地的运行，有了生命，便有了人的各种禀赋。在这句话中的"命"也没有动词命令和名词命令内容的含义。命之所指与"分于道谓之命"的命相同。

弄清《孔子家语》和《性自命出》中两言的意思后，我们再看《中庸》"天命之谓性"的含义。天之命是什么，没有谁给天地下命令，天之命是自觉的，前文我们说命有发布命令和命令具体内容两个意思，要完成命令需要一系列的行为，这些行为发生后，命令才能完成。我们可以把完成命令，达到目的的一系列行为称作功能。《周易》说："天地之大德曰生。"②孔子说："天何言哉，四时行焉，百物生焉，天何言哉。"③天命不是现代汉语中带有宿命色彩的天命，天指天地宇宙，命是生化万物之意。人命源于天命，那么，人之命和天之命是相同的——人的功能也是生化万物。

命是从存在的角度描述人，性是从人的禀赋角度描述人，命是性的载体，性是命的禀赋。故"天命之谓性"是说人的禀赋是蕴含在源于上天赋予的生命之中，上天的功能是生化万物。所以

---

① 翟玉忠.性命之学——儒门心法新四书阐微.北京：中央编译出版社，2014：75.

② 阮元.十三经注疏上册.周易正义.北京：中华书局，1980：86.

③ 阮元.十三经注疏下册.论语注疏.北京：中华书局，1980：2526.

人生命的禀赋也是生化万物。生化万物、创造万物的能力和品格深深的蕴含于人的内心，使这种蕴含于内心的能力和品格展现出来，就是道，道是率性的方法。教育学习是掌握正确的方法，认识和体验人内心本具无限广大和生化万物的功能，并让本具的功能施展出来以造福社会。子思关于性、道、教的基本见解是为后面几个层次的内容建立了坚实的理论基础。

2.强调方法的重要

生化万物是人心本具的禀赋，让生来本具的禀赋展现出来是有方法的，正确的方法是道。旁门八百，左道三千，正确的方法只有一个就是道。没有正确的方法，生化万物的禀赋就不可能展现出来。如果是错误方法，更会搅乱天地，祸害群生。所以必须采用正确方法展现人的禀赋。离开正确方法，就是非道，就是旁门左道。方法是路线问题，路线错了，不可能实现目的，还会有消极负面影响。所以子思说："道也者，不可须臾离也，可离非道也。"这句话强调了正确方法的重大意义。

3.传授修养心性的方法

要认识人的心性，感知和体验人心本有的禀赋和生化万物的功能需要专门的修炼方法。子思传授方法分两步，第一步是觉察自己的内心，即"是故君子戒慎乎其所不睹，恐惧乎其所不闻"。戒慎和恐惧强调的是觉察，觉察的对象是眼不能视、耳不能闻的内在心性世界。第二步是通过"慎其独"感知内心深层之存在——隐和微。即"莫见乎隐，莫显乎微，故君子慎其独也"。"莫"为不义，此句大意是觉察自己的内心，感受不到深层心理存在——"隐和微"，所以让心灵高度宁静（其独），并对高度宁静的心灵保持觉察（慎）。关于此句的解释，郑玄直到二程、朱熹等众多儒者认为是所有可见可闻的见和显都来自于不可见闻的隐和微。若如此理解，"莫见乎隐，莫显乎微"句式应该是"见莫大乎隐，显莫大乎微。"《老子》中"罪莫大于多欲"的句式，《庄子》中有"哀莫大于心死"，司马迁有"悲莫痛于伤心"。可见西汉之前本来就有表达两件事物辩证关系的基本句式。郑玄直至朱熹却都把这句话理解成是在论述见显与隐微的辩证关系，有错解此句之嫌。

郑玄至朱熹对"故君子慎其独也"也存在误读，将"慎其独"解释成在个人独处时要清醒，警惕个人的灰色心理欲望。"独"字在先秦文献里常用以表示修养内在心性的境界。《庄子》记载了孔子对老聃沐浴后的描述："丘也眩与，其信然与？向者先生形体掘若槁木，似遗物离人，而立于独也。"[①]"独"描述的是老聃物我两忘的超然之态。《管子》："去欲则宣，宣则静矣，静则精，精则独立矣。"[②]"独"是内在心性修养的一种境界。被认为是子思学派作品的《五行说》解释说："慎其独也者，言舍夫五而慎其心之谓者也，然后一。一也者，夫五夫为一心也，然后德之。"[③]"言至内者之不在外也。是之谓独。独也者，舍体也。"[④]可见，"独"指内心宁静之后的高度专一。

---

① 庄子.百子全书下册.杭州：浙江古籍出版社，1998：1393.
② 陈鼓应.管子四篇诠释.北京：商务印书馆，2006：141.
③ 郭沂.郭店竹简与先秦学术思想.上海：上海教育出版社，2001：163.
④ 郭沂.郭店竹简与先秦学术思想.上海：上海教育出版社，2001：16.

4.赋予"中""和"以儒家的含义

通过觉察（慎）高度宁静专一（其独）的心境，浅层情绪和思维活动被抑制，人便可以体认到深层精神存在——"隐"和"微"。人的内在心性中深层精神存在十分丰富，"慎其独"的深度不同，觉察到的"隐"和"微"也不同。学术追求不同，所体验到的"隐"和"微"也不同，对"隐"和"微"的定义也不同。道家学派关心的是长生久视，《老子》称其为"希、夷、微"和"象、物、精"。子思则是从情绪情感的角度定义"隐"和"微"，"喜怒哀乐之未发谓之中"。从社会效果的角度定义隐和微由内向外的展现，"发而皆中节谓之和"。子思从情感的角度定义"中"，有两个问题需要注意。第一，子思认识到人对情绪情感的感知能力比较强。喜怒哀乐是人的情绪活动，而非思维认知活动。思维认知活动属于心态，喜怒哀乐属于情态。人对情绪的感受能力强于对心态的感受。第二，子思明白人的情绪情感具有社会性。通过容易感知的具有社会性的情绪情感入手而觉察内心所得到的"隐"和"微"，也就具有社会性。

情绪产生的机制是：需要＋刺激＝情绪。当人的需要得到满足和实现时，人就会有喜和乐的情绪出现，当需要不能实现或者受到威胁时就会出现哀和怒等情绪。冷静下来反观分析情绪活动，首先会认识到情绪出现的原因是外部刺激，例如经过努力获得好成绩而欣喜，好的成绩属于外部刺激，而自己希望获得好成绩是自己的需要。将情绪产生的原因归结为外部刺激，叫做外归因。反思情绪产生的原因，会认识到刺激仅仅是情绪发生的外部因素，从而发现产生情绪的另一个因素是自己的内在需要，叫做内归因。如果继续审视自己的内在需要，超越欲望、名利、观念的困扰，最终将感受到内心深层的精神存在——"隐"和"微"，这才是情绪情感发生的根本原因。子思认为这是情绪情感发生的最深层最核心因素，便将其命名为"中"。

子思把"慎其独"之后感受到的"隐"和"微"命名为"中"，"中"的具体内容是什么？如果"中"没有具体内容，只是"隐"和"微"的代词，那么儒家和道家的"中"便没有本质区别。荀子曾批评子思"案往旧造说，谓之五行"[①]。可见五行思想是子思思想的重要构成。简本《五行》和帛本《五行》《五行说》以及《孟子》都对五行进行讨论。五行是仁义礼智圣五种德行和智慧。

帛本《五行》："仁，形于内谓之德之行，不形于内谓之行；智，形于内谓之德之行，不形于内谓之行；义，形于内谓之德之行，不形于内谓之行；礼，形于内谓之德之行，不形于内谓之行；圣，形于内谓之德之行，不形于内谓之行。"[②]五种德行只有形于内才可以成为德行，否则只能是行。"形于内"的"内"是指内心，内心的核心称为"中"。所以"中"是五行的源头。帛本《五行》："能为一，然后能为君子。君子慎其独也。"《五行说》解释说："能为一，言能以多为一。以多为一者也，言能舍夫五而为一也。慎其独也者，言舍夫五而慎其心之谓也，然后一。一也者，夫五夫为一心也。"[③]把五行打包压缩，就是"一"，"一"就是"中"。子思的"中"不仅有核心的意思，更有丰富的

① 邓汉卿.荀子经评.长沙：岳麓书社，1994：106.
② 郭沂.郭店竹简与先秦学术思想.上海：上海教育出版社，2001：147.
③ 郭沂.郭店竹简与先秦学术思想.上海：上海教育出版社，2001：163.

道德和社会内容，即"中"蕴含着五行。孟子把"中"蕴含五行的意思表达的更清晰，"恻隐之心，人皆有之。羞恶之心，人皆有之。恭敬之心，人皆有之。是非之心，人皆有之。恻隐之心，仁也。羞恶之心，义也。恭敬之心，礼也。是非之心，智也。仁义礼智，非由外铄我也，我故有之也。"[①]

综合前面觉察内心体认"隐"和"微"的过程，可以认识"中"的两层意思。排除情感、欲望和杂念，内心虚旷，这时的"中"有空虚无之意。情感、欲望和杂念被抑制后，内心虚旷，水清鱼自现，深层核心的精神存在——"隐"和"微"——呈现出来，这时的"中"是"隐"和"微"的意思。排除欲望和执着突出的是空无，空无之后体认到本有的存在——突出的是"有"。这与《老子》表述的道既是空无又是"夷、希、微"类似，只不过《老子》所说"夷、隐、微"泯灭和超越了人对善恶是非的分别，子思则保留了对公平正义的追求，将本有的仁、义、礼、智、圣打包压缩称之为"中"。《老子》的空无和"夷、隐、微"具有超越社会性伦理性的神秘意义，子思的中更具有社会伦理意义。既然"中"是人最内在本具的恻隐、羞恶、恭敬、是非之心，是人生来本有的良知良能，是人的本性，而人的本性具有生化万物的功能，所以只要体认到，就会自觉地展现出来，这就是"发"。由于"中"完全超越了以自我为中心的情感、欲望、名利和观念，因而"中"的展现不会和他人、社会与环境发生冲突，而是为社会和他人增加幸福，所以既是发自内心也符合社会的发展，故"发而皆中节谓之和"。

---

① 阮元.十三经注疏下册.孟子注疏.北京：中华书局，1980：2749.

5.明确"中""和"的地位

蕴含着仁、义、礼、智、圣五种德行和智慧的"中",是内心最核心的存在,人将其展现出来,以五种德行和智慧指导自己的言行,为他人和社会做出贡献,所以"中"是使天下充满生机与活力,促进社会和谐与民生幸福的根本。"和"是指"中"的展现方式。五行的展现基于人内在的"中",人的内在之中无我利他,无我利他的"中"表达出来,既是源于自己的本心,又符合社会进步的需要,所以"和"是促进实现社会进步和民生幸福的基本法则。

6.说明"中""和"的功用

当"中"以既和于内、亦和于外的方式展现出来,便不会干扰和破坏天地、自然和社会的基本运行法则和秩序,人类与群生在和谐共融的环境中平心相处,安居乐业,创造财富,享受生活,没有战争和冲突,整个世界饱含生机,欣欣向荣。如此便是"中"所蕴含与发挥的最大功能。

通观《中庸·第一章》全章内容,其间虽未出现"中庸"和"庸"两个词,全文系统表达了子思的中庸思想。从肯定人心性禀赋蕴含着无限的创造力与教育就是要开发人心性本有的无限创造性入手,以戒慎、恐惧和慎独为方法,感受人心性最核心的"中",使"中"以"和"的方式表达出来,令"中"发挥促进社会进步与和谐的功能。通篇可以用一个词"中庸"——中的功效——来概括。子思为中庸奠定了理论基础,明确了修养心性的方法,指明了中和的内涵,论证了中和的积极社会意义。

　　将《中庸·天命章》置于先秦学术的思想背景下，重新全面认识子思的中庸思想，意义有两点，一是认识子思中庸思想的整体性和系统性。子思的中庸思想包括基本理论的建立，具体的修养心性方法，赋予中、和两个范畴以积极的社会意义，明确中、和的基本地位与功效几个层次，层层递进，首发以理论的确立，继之以相应的方法体认内在的"中"，最终以造福社会而结束，核心是体认内在的"中"，令"中"以和的方式展现出来。可见子思的中庸思想是儒家内业之学。

　　二是澄清学术史上形成的对中庸的误读。这些误读包括：以警惕阴暗心理的思路理解"慎其独"，从而抹杀了"慎其独"的重要意义；以"不偏不倚过犹不及"等玄学化的语言理解中庸，从而使中庸思想研究陷入一种语言阐释学的游戏，失去其本身的精神存在内容和社会伦理内容。

　　儒家文化的复兴是一项系统工程，从初步的经典诵读到对经典进行各个层次的学术研究均是这项工程的有机组成，只有将儒家思想中蕴含的丰富内容和现实人生的心性修养结合起来，儒学文化才会落到实处，发挥其指导意义。子思中庸思想是儒家文化引导人修养心性的典范，其现实意义有待于我们做更深层次的开发和利用。

四、"莫见乎隐，莫显乎微"本义考

关于"莫见乎隐，莫显乎微"的解释影响较大的有三种，朱熹的解释影响最大。

一是郑玄、孔颖达的解释，他们认为其含义是不要让错误想法和行为显见暴露于幽隐之处，显露于细微之所。二是吕大临受佛教心性论影响，认为性与天道是以无法见闻超越相状和语言的形态（隐和微）存在的。三是朱熹认为此言大意是"没有比内心邪念更'著见明显'的非礼言行"。三种理解均不符合《中庸》的本义。《中庸》的主题是先秦儒家内修外用之学，"莫见乎隐，莫显乎微"是介绍内在心性修炼的方法和感受，是说在内业修炼中如果见不到内心深处的隐微，不要丧失信心，应该继续慎其独，也就是继续执着地关注自己的内心。

"莫见乎隐，莫显乎微"出现在《中庸》第一章："道也者，不可须臾离也。可离非道也。是故君子戒慎乎其所不睹，恐惧乎其所不闻。莫见乎隐，莫显乎微，故君子慎其独也。"前文已作简单说明，因为此言对于理解中庸思想极为关键，学界的解说多根据臆测而立论，未就文本一一剖析，以致错会其本义，故有必要在此做更加详尽的分析，以正视听。

《中庸》第一章是先秦儒家内修外用之学，认识到"中"属于内修，让"中"以和的方式表现出来，取得天地位、万物育的效用，属于外用。而弄清此言本义关系到正确认识中庸思想的内修部分，意义重大。

1.学术关于"莫见乎隐，莫显乎微"的三种理解

关于"莫见乎隐，莫显乎微"的理解，第一种理解的代表是孔颖达。东汉郑玄说："慎独者，慎其闲居之所为。小人于隐者，动作言语，自以为不见睹，不见闻，则必肆尽其情也。若有占听之者，是为显见，甚于众人之中为之。"①孔颖达受郑玄的影响，针对此言疏证说："'莫见乎隐，莫显乎微'者，莫，无也。言凡在众人之中，犹知所畏，及至幽隐之处，谓人不见，便即恣情，人皆占听，察见罪状，甚于众人之中，所以恒须慎惧如此。以罪过愆失无见于幽隐之处，无显露于细微之所也。"②据此可知，孔氏是这样理解"莫见乎隐，莫显乎微"的：不要让"罪过愆失"显见暴露于幽隐之处，显露于细微之所。而"莫见乎隐，莫显乎微"中没有哪个词具有罪过愆失的意思，孔颖达根据自己的理解将"罪过愆失"强加到"莫见乎隐，莫显乎微"一言中，若按孔颖达的解释，罪过愆失成了"莫见乎隐，莫显乎微"的主语，实际上将此言理解成"罪过愆失莫见乎隐，莫显乎微"。而纵观《中庸》第一章全文，根本没有哪个字是罪过愆失之义。再有郑、孔二先贤认为"隐"和"微"是指人独处的私密空间，而在先秦

① 阮元.十三经注疏下册.礼记正义.北京：中华书局，1980：397.
② 阮元.十三经注疏下册.礼记正义.北京：中华书局，1980：397.

文献中"隐"和"微"尚未被作为私密空间的指称。

与二程同时代的吕大临认为，隐微即中道和性。吕大临说："所谓中者，性与天道也，谓之有物，则不得于言；谓之无物，则必有事焉。不得于言者，视之不见，听之不闻，无声形接乎耳目而可以道也；必有事焉者，莫见乎隐，莫显乎微，体悟而不可遗者也。古之君子，立则见其参于前，在御则见其倚于衡，是何所见？洋洋如在上，如在其左右，是果何物乎？学者见乎此，则庶乎能择中庸而执之。隐微之间，不可求之于耳目，不可道之于言语，然有所谓昭昭而不可欺，感之而能应者，正惟虚心以求之，则庶乎见之，故曰'莫见乎隐，莫显乎微'。然所以慎独者，苟不见乎此，则何戒慎恐惧之有哉？"[1]吕大临认为，"隐"和"微"是中（性与天道）没有呈现之前的存在形态，"中"超越形相和名言，故耳目不可见，言语不能道，只能以清净心感应到隐微之后才会明白。

根据上面的分析，吕大临对"莫见乎隐，莫显乎微"的认识是：中（性与天道）是以无法见闻超越相状和语言的形态（"隐"和"微"）存在的。吕大临的理解明显受到佛教和道教的影响。

第三种以朱熹为代表。程颐批评郑、孔等人从空间的角度理解"莫见乎隐，莫显乎微"，他说："人只以耳目所见闻者为显见，所不见闻者为隐微，然不知此理却甚显也。且如若人弹琴，见螳螂捕蝉，而闻者以为有杀声。杀在心，而人闻其琴而知之，岂非显乎？"[2]程颐指出隐微所指并非私密空间，而是人内心的念头，并以人抚琴时见动物相杀，听众能从琴音中感受到杀

---

① 卫湜.中庸集说.桂林：漓江出版社，2011：23.
② 卫湜.中庸集说.桂林：漓江出版社，2011：23.

气的例子对隐微的含义进行了说明。根据程颐的解释，"莫见乎隐，莫显乎微"直译成白话即：没有任何微小的邪念不被旁人发现的。孔颖达将"莫"释为无，是否定词，将隐微解释为私密空间。程颐将"莫"释为"没有……不"，是双重否定词，将隐微释为恶念邪念。朱熹基本认同程颐的看法，他说："隐，暗处也。微，细事也。独者，人所不知而己所独知之地也。言幽暗之中，细微之事，迹虽未形而几则已动，人虽不知而己独知之，则是天下之事无有著见明显而过于此者。是以君子既常戒惧，而于此尤加谨焉，所以遏人欲于将萌，而不使其滋长于隐微之中，以至离道之远也。"①朱熹的意思是：只有自身对自己内心任何不合天理的念头感受最清楚。根据朱熹的注解，"莫见乎隐，莫显乎微"可以翻译成"没有比内心邪念更'著见明显'的非礼言行"。

当代研究与传播《中庸》的作品中关于"莫见乎隐、莫显乎微"的认识，主要受朱熹的影响。北京大学王岳川教授在《大学中庸讲演录》中针对"莫见乎隐，莫显乎微"阐释说："'莫见乎隐'，没有什么比所隐藏起来的那些东西更能够显现出来。有人以为很多事情很小，见小利去拿小利，那你今后可能见大利去拿大利，最后可能窃国。'莫显乎微'意思就是说，极其微小的东西，都会呈现出来，逃不过众人的眼睛。故君子慎其独，所以君子一定要谨慎恐惧自己独处的时刻不做坏事，自觉地严于律己而谨慎地对待自己的所思所行，防止有违道德的欲念和行为发生，从而使道义时时刻刻伴随着主体。"②以研究西方文艺理论见长的

---

① 卫湜.中庸集说.桂林漓江出版社，2011：24-25.
② 王岳川.大学中庸讲演录.桂林：广西师大出版社，2008：96.

王教授完全是按照朱熹的理解对"莫见乎隐、莫显乎微"进行通俗化讲述。台湾大学哲学系傅佩荣教授借助于中国传统文化热来大陆淘金，在中国电视媒体中十分火爆，曾于央视百家讲坛栏目主讲《孟子的智慧》。他说："隐微，隐蔽与细微之事，可能逐渐发展为清楚与明白之事，一个人的言行表现，莫不是由最初的隐微意念所演变及发展出来的。"①类似王、傅两位等身居高等学府，接受高等教育，著作等身的教授专家们以通俗易懂的方式解读传播中国经典时，表现出一个普遍的陋习，不对中国经典文本进行审慎的解读，不对经典注释背后的政治文化史加以分析，仅依靠流行较广的注释如《四书章句集注》，人云亦云，导致宋明理学对中国经典的不当解读谬种流传。

上述三种理解差异很大，共同点是道德教化色彩浓厚。中华优秀传统文化以内圣外王、治国理政见长，而上述三种解读完全不能体现中华优秀传统文化的特点，中国经典被他们解读成为道德教化的劝善书。三种解读的不同点是孔颖达的解释朴素直白，而吕大临、朱熹二人富于玄学思辨。吕、朱二人的区别是朱熹认为"隐"和"微"表示不合道德的邪念，吕大临则以为"隐"和"微"即是中、性与天道。上述三种理解虽能够自圆其说，但是否符合"莫见乎隐，莫显乎微"之本义值得商榷。尤其是程颐和朱熹的解释完全脱离"莫见乎隐、莫显乎微"的字义和先秦儒家文化的总体特征。

为正本清源，尽量避免谬种流传，我们从四个方面讨论"莫见乎隐，莫显乎微"之本义。

---

① 傅佩荣.傅佩荣译解大学中庸.上海：东方出版社，2012：39.

2.从《中庸·第一章》的性质看"莫见乎隐，莫显乎微"本义

正确全面理解《中庸·第一章》的性质和含义，是理解"莫见乎隐，莫显乎微"之本义的关键。

先秦学术普遍重视内业的研究和修证，传世的儒家著作《孟子·尽心》《荀子·解蔽》中均有对儒家内业之学的讨论，出土文献楚简《五行》《性自命出》也是儒家内业之学的重要作品。《中庸》是儒家内业之学的代表作，《中庸·天命章》是儒家内修外用之学的理论、修证实践方法的精炼概括，言简意赅，为分析方便，将全文抄录如下：

> 天命之谓性，率性之谓道，修道之谓教。道也者，不可须臾离也，可离非道也。是故君子戒慎乎其所不睹，恐惧乎其所不闻。莫见乎隐，莫显乎微，故君子慎其独也。喜怒哀乐之未发谓之中，发而皆中节谓之和。中也者，天下之大本也，和也者，天下之达道也。致中和，天地位焉，万物育焉。

"天命之谓性，率性之谓道，修道之谓教。道也者，不可须臾离也，可离非道也。"这一部分主要交代了关于天、命、性、道、教等基本范畴的认识，是内业修证的理论见地。"是故君子戒慎乎其所不睹，恐惧乎其所不闻。莫见乎隐，莫显乎微，故君子慎其独也。"这部分是内业修证的方法，方法包括两个阶段，第一步是觉察内在心性，第二步是慎其独。"喜怒哀乐之未发谓之中，发而皆中节谓之和。中也者，天下之大本也，和也者，天

下之达道也。"这部分是明确中和的含义和性质。"致中和，天地位焉，万物育焉。"这部分是说明中和的功用。

既然"莫见乎隐，莫显乎微"修证方法有关，那它就不仅仅是日常道德说教，更非含义不明的玄思，而是对修证者在修证过程中内在心性感知的清晰描述。所以孔颖达将其理解为不要让"罪过愆失"在私密空间表现出来是不合适的。吕大临和朱熹用玄思来理解此言也值得商榷，因为描述修证过程的内在心性感知应是清晰的。修证的第一步是觉察自身内在心性，因为觉察的功夫不够，无法感知到内在心性的深层存在，没有见到内在的隐和微，即"莫见乎隐，莫显乎微"。这是需要进一步用功，即"故君子慎其独也"。两步功夫之后，便会觉察到内在心性中的深层存在——隐微。隐微就是喜怒哀乐等人的情绪情感的源头——"中"。

3.从字义句式看"莫见乎隐，莫显乎微"本义

"莫"在先秦文献中用作表示否定的副词时，基本字义是不、无、没的含义。例如："女知莫若妇，男知莫若夫。"①《中庸》"故君子语大，天下莫能载焉。"用"莫"表示双重否定时用"莫……不……"一词，例如："上好礼，民莫敢不敬。"②而要用"莫"表示两种现事物之间关系则用"祸莫大于不知足"③。郑玄、孔颖达认为此言的意思解释为"不要让罪过愆失显见暴露于幽隐之处，显露于细微之所"。显然是十分强硬地将罪过愆失加给此言。程颐、朱熹将此言解释为"见和显没有比隐微更大的"。

---

① 徐元诰.国语集解.北京：中华书局，2002：201.
② 阮元.十三经注疏下册.论语注疏.北京：中华书局，1980：2506.
③ 《道德经》.《百子全书》下册.杭州：浙江古籍出版社，1998：1347.

若按照程朱的理解来还原表示见显与隐微关系的句式，那应该是"见莫大乎隐，显莫大乎微"。很显然程朱将"莫见乎隐、莫显乎微"理解成"见莫大于隐，显莫大于微"。"……莫大于……"是先秦时期用于表述两种现象相互比较的成熟句式。在《荀子》中，既用"莫"表示不、无等，如"兵之所贵者势利也，所行者变诈也。善用兵者，感忽悠暗，莫知其所从出"①。也有"神莫大于化道，福莫长于无祸"②话。比《荀子》成书更早也早于《中庸》成书的《老子》在运用"莫"字的不同含义时，句式完全不同。"金玉满堂，莫之能守。"③此"莫"为不的意思。"罪莫大于可欲，祸莫大于不知足，咎莫大于欲得。"④此处的"莫"是没有之义，整句所要表达的是没有比可欲、不知足、欲得更大的罪、祸、咎，其所用的句式是"……莫大于……"。可见此句式在春秋战国已经普遍用来表示两种不同状态的之间的关系。如果程朱的解读符合子思的本义，那子思就直接说"见莫大于隐，显莫大于微"了。可见程朱对于此言的理解不符合先秦用"莫"字表示否定、双重否定的字义。

《论语》带"隐"字的语句多是表述高尚的道德人格与处事风范，没有私密空间和违背道德的邪念的含义。例如："天下有道则见，无道则隐。"⑤"父为子隐，子为父隐，直在其中矣。"⑥"隐居

---

① 邓汉卿.荀子绎评.长沙：岳麓书社，1994：302.
② 邓汉卿.荀子绎评.长沙：岳麓书社，1994：26.
③ 道德经.百子全书下册.杭州：浙江古籍出版社，1998：1338.
④ 道德经.百子全书下册.杭州：浙江古籍出版社，1998：1347.
⑤ 阮元.十三经注疏下册.论语注疏.北京：中华书局，1980：2487.
⑥ 阮元.十三经注疏下册.论语注疏.北京：中华书局，1980：2507.

以求其志，行义以达其道。吾闻其语矣，未见其人也。"①《中庸》引用孔子的话称道舜有"隐恶扬善"的品德，又说"君子之道费而隐"，朱熹注："隐，体之微也。"②可见"隐"在《中庸》里也被用来表达君子高尚的品德。关于"微"字，《中庸》说："君子尊德性而道问学，致广大而尽精微，极高明而道中庸。"朱熹注："尊德性，所以存心而极乎道体之大也。道问学，所以致知而尽乎道体之细也。"③可见，精微乃道体之细。所以"隐"和"微"没有违背道德的邪念的含义，朱熹本人也认为"隐，体之微也"，"精微乃道体之细"，可以说"隐"和"微"二字在《中庸》是内在心性的深层精神存在的指称。将其解释为私密空间和恶念邪念是不符中庸原义的。据此来看，"莫见乎隐，莫显乎微"的含义是没有感知到内在心性深层存在——"隐"和"微"。

孔颖达对此言的理解存在两个问题，一是把隐微理解为私密空间，二是把"罪过愆失"强加给此言，所以在孔颖达看来，此言的含义就成了"不要让罪过愆失显见暴露于幽隐之处，显露于细微之所"。显然不符合"莫见乎隐，莫显乎微"本义。

朱熹说："隐，暗处也。微，细事也。独者，人所不知而己所独知之地也。言幽暗之中，细微之事，迹虽未形而几则已动，人虽不知而己独知之，则是天下之事无有著见明显而过于此者。是以君子既常戒惧，而于此尤加谨焉，所以遏人欲于将萌，而不使其滋长于隐微之中，以至离道之远也。"④这里朱熹关

① 阮元.十三经注疏下册.论语注疏.北京：中华书局，1980：2522.
② 卫湜.中庸集说.桂林：漓江出版社，2011：104.
③ 卫湜.中庸集说.桂林：漓江出版社，2011：290.
④ 卫湜.中庸集说.桂林：漓江出版社，2011：24-25.

于"隐"和"微"的理解是含混的。他首先明确解释"隐"为暗处,"微"为细事。既然是事,再细微也可见可闻。事情没有表现出来之前的人欲邪念不能算是细事,只是尚未见诸行事的人欲邪念而已。自己知道内心的邪念,天下所有非道德的言行事务都源于内心的邪念,即"莫见乎隐,莫显乎微"。那么"微"是指已形的细事?还是指的未形的人欲邪念?据所引上文,朱熹更倾向于以"隐"和"微"表示未形将蒙的人欲邪念。既然如此,朱熹没有必要说"微,细事也"。朱熹的解释,与他在其他地方对"隐"和"微"的解释自相矛盾。他将"隐"和"微"解释为已形的细事,又指唯自己所知的人欲。而朱熹在其他地方明确说过"隐,体之微也"。"精微乃道体之细",即"隐"和"微"是道体。"隐"和"微"在朱熹那里既是道体,又是暗处细事人欲,这不是明显的自相矛盾吗?

综上所述,朱熹的理解既不符合先秦文献的基本字义、句式,也和他在其他地方对"隐"和"微"的理解存在矛盾。

4.通过《中庸》有关章节认识"莫见乎隐,莫显乎微"本义

细读《中庸》相关章节有助于理解"莫见乎隐,莫显乎微"的本义。

《中庸·鬼神章》:子曰:"鬼神之为德其盛矣乎。视之而弗见;听之而弗闻;体物而不可遗。使天下之人,齐明盛服,以承祭祀。洋洋乎,如在其上,如在其左右。诗曰:'神之格思,不可度思,矧可射思?'夫微之显。诚之不可掩如此夫。"孔子用当时神道设教之风俗说明深潜于内在心性的"隐"和"微"具有的强大潜力。常人无法感知鬼神,却相信鬼神的存在,相信鬼神

具有福佑世人的能力，通过隆重宏大的仪式表达对鬼神的敬畏。鬼神，人们看不到，而人们敬畏鬼神的仪式却壮观宏大。人内在心性之深层精神存在"隐"和"微"与鬼神一样是感官见闻不到的，但这种深层精神存在所具有的潜力和功能是无限强大的，所以孔子总结说"隐"和"微"具有任何因素都不可战胜的力量，终将会升华转化为现实的见显。

"隐"和"微"如此重要，所以要通过觉察内心（戒慎乎其所不睹，恐惧乎其所不闻），因为感受不到内心的深层精神存在（莫见乎隐，莫显乎微），需要进一步观察内心（故君子慎其独也），超越喜怒哀乐之情，找到情的源头而感受到"隐"和"微"，"喜怒哀乐之未发谓之中"。所以"隐"和"微"就是"中"。"中"虽然隐微却具有无限的生命力，如同虽鬼神不可见，而人们却以盛大礼仪祭祀鬼神。所以"莫见乎隐。莫显乎微"一词是描述儒家内业的一个阶段和现象：通过戒慎恐惧觉察内心之后却没有发现内在的深层精神存在，通过更进一步的慎独，可以感受到内在的深层精神存在——"隐"和"微"。此章说明"隐"和"微"并非私密空间和人欲邪念，而是蕴含着无限生命力的精神存在。

《中庸·天地章》："天地之道，可一言而尽也。其为物不贰，则其生物不测。天地之道，博也、厚也、高也、明也、悠也、久也。今夫天，斯昭昭之多，及其无穷也，日月星辰系焉，万物覆焉。今夫地，一撮土之多，及其广厚，载华岳而不重，振河海而不泄，万物载焉。今夫山，一卷石之多，及其广大，草木生之，禽兽居之，宝藏兴焉。今夫水，一勺之多，及其不测，鼋、鼍、蛟、龙、鱼、鳖、生焉，货财殖焉。"天地宇宙之所以高、明、博、厚、悠、久和生化万物，是因为天地以"为物不二的诚，才具有生物不测"的强大力量。从一昭之光，一撮之土、一卷之石、一勺之水开始，逐渐变得广大高明而孕育生化万物。一昭、一撮、一卷、一勺，就是"隐微"，就是人内在心性的中。日月星辰草木禽兽宝藏货财因天地之诚而生成，说明"隐微"作用强大。证悟到"隐微"，发现心性之中，使其以和的方式展现出来，便能创造一片和谐幸福的新天地，所以内业修证的核心便是发现"隐微"，证悟"中"。通过第一步的觉察"戒慎乎其所不睹，恐惧乎其所不闻"而无所见（莫见乎隐，莫显乎微）时，需要进一步用功，即儒家内业修炼的第二部功夫"慎其独"，"慎其独"之后便见到"隐微"，证悟"中"的存在。笔者认为此章内容是在用形象通俗的形式说明内在的"隐微"如何转化为可见的"见显"，很明显"隐微"没有私密空间和人欲邪念的含义。

5.通过《荀子·解蔽》旁证"莫见乎隐，莫显乎微"本义

《荀子·解蔽》对如何体认"隐"和"微"进行了研究，他说："故道经曰：'人心之危，道心之微。'危微之几，惟明君子而后能知之。"[①]大意是说，君子通过对日常心理的警戒，能够体认到超越性的微。"微"是内心崇高的精神存在。荀子通过举例论证："空石之中有人焉，其名曰觙（ji）。其为人也，善射以好思。耳目之欲接，则败其思；蚊虻之声闻，则挫其精。是以辟耳目之欲，而远蚊虻之声，闲居静思则通。思仁若是，可谓微乎！孟子恶败而出妻，可谓能自强矣，未及思也；有子恶卧而焠

---

① 邓汉卿.荀子绎评.长沙：岳麓书社，1994：452.

掌，可谓能自忍矣；未及好也。辟耳目之欲，远蚊虻之声，可谓危矣；未可谓微也。夫微者，至人也。至人也，何强？何忍？何危？"①荀子认为体认"微"，需要戒慎和思两个方法，只戒慎而不思，是感受不到"微"的。荀子的这段话有助于理解"莫见乎隐，莫显乎微"之本义。

戒慎恐惧之后，体认不到"隐"和"微"，所以需要慎其独。这里的慎其独相当于荀子强调的思。证悟到"隐微"的人是圣人，圣人行事不需要勉强、忍耐和戒慎。荀子的至人之论证与《中庸》里"诚者，不勉而中，不思而得，从容中道，圣人也"相合。荀子虽然批评思孟之儒，毕竟同属儒家，故《解蔽》中关于儒家内业之学的修证次第和对内在心性的感知和子思之学基本相同，只是表达方式不同。

通过《荀子·解蔽》足以旁证"莫见乎隐，莫显乎微"是在描述内业修证时内在心性的感知状况，说明"隐微"并非私密空间和人欲邪念。证悟"隐微"，是达到圣人境界的条件。欲证悟之，需要在戒慎恐惧之后再慎其独。

通过四个层次的论证，"莫见乎隐，莫显乎微"之本义更加清晰，如此，《中庸·天命章》内业之学的修证次第便更加明确。撰写此文，毫无自逞黠慧指谪往圣、目空今贤之意，正是他们一如既往的努力才使《中庸》在中华民族文化精神的塑造中长期发挥重大作用。作为后学的我们有责任和义务发掘《中庸》的丰富内涵，在往圣今贤的基础上，发挥其儒家内业之学的现实价值，超越道德教化的层面，升华为可操作的心性修证方法。

---

① 邓汉卿.荀子绎评.长沙：岳麓书社，1994：453.

五、诚的展开——情感、行愿、天道智慧

诚是中华优秀传统文化的核心范畴，《礼记》的《中庸》和《大学》篇论诚颇多，孟子和荀子也极为重视诚。我们从字义和义理出发，对诚思想进行创造性转化和创新性发展，认为诚思想可以从情感、行愿和天道智慧三个层次展开。从情感上说，情到真处即是诚；从行愿上说，诚是利他的愿行；从超越的角度说，诚是天道智慧。

诚是中华优秀传统文化的核心范畴，先秦儒家经典关于诚的论述最为丰富。《大学》强调"诚其意"，孟子主张"反身而诚，乐莫大焉"，荀子也认为诚是提高修养的方法，"君子养心莫善于诚。"《中庸》关于诚的论述更多："诚之者，择善而固执之。博学之、审问之、慎思之，明辨之，笃行之"；"诚者，天之道也"。因为儒家对诚的普遍重视和探讨，使之成为中国优秀传统文化的核心范畴之一，诚信成为今天社会主义核心价值观。

先秦典籍中在不同语境中不同含义上论述诚，那么不同语境不同含义上有关诚的论述应该存在内在和必然的逻辑关系，探索"诚"这一范畴不同层次间内在的逻辑关系是有必要的。再有对

于中国优秀传统文化的核心范畴——诚，我们完全有可能也有责任根据古今学者有关诚这一范畴的研究成果，对其进行创造性转化和创新性发展，从文本的玄学的研究和解释中开出一条路来，将其转化升华为一套简单易行，指导大众修养心性、提高能力、获得智慧、造福社会的方法。

1. 情到真处即是诚

东汉以后已经很少有人注意诚的情感属性了，许慎的《说文解字》以信训诚："诚，信也。"[①]孔颖达认为信有不欺之义。[②]《增韵·清韵》："诚，无伪也、真也、实也。"[③]宋朝理学家多以真实无妄释诚。[④]可见多数字书和学者以真实解释诚。

在先秦秦汉文献中，诚有情的意思。《大戴礼记》中有关性情的讨论中就运用了"诚"字，"民有五性，喜怒欲惧忧也。喜气内畜，虽欲隐之，阳喜必见。怒气内畜，虽欲隐之，阳怒必见。欲气内畜，虽欲隐之，阳欲必见。惧气内畜，虽欲隐之，阳惧必见。忧悲之气内畜，虽欲隐之，阳忧必见。五气诚于中，发形于外，民情不隐也。"[⑤]内心的情绪情感若是真实的，就会表现出来，这样就可以直接观察体会到百姓的喜怒哀乐。

郭店楚简《性自命出》明确指出情相对于道的根源性，"性

---

① 许慎撰，段玉裁注.说文解字注.上海：上海古籍出版社，1981：92.
② 《汉语大字典》第一卷.成都：四川辞书出版社，1986：165.
③ 《汉语大字典》第六卷.成都：四川辞书出版社，1989：3963.
④ 卫湜.中庸集说.桂林：漓江出版社，2011：236.
⑤ 王聘珍.大戴礼记解诂.北京：中华书局，1983：191–192.

自命出，命自天降。道始于情，情生于性。"①《淮南子·缪称训》中说："情系于中，行于外。"高诱注说："情，诚也。"② 东汉的高诱直接以"情""诚"互训反应出东汉时期的学人仍知道诚的情感属性，此后，诚的情感属性一直淹没无闻，直到翟玉忠先生在其2014年出版的《性命之学——儒门心法新四书阐微》一书中结合楚简《性自命出》，确认情、诚二者本质没有区别。从情的角度认识诚才被重视。

玉忠先生说："《中庸》重'诚'《性自命出》重'情'。二者只是形式上不同，理论上并没有本质的区别。"③而且玉忠先生还澄清了一个事实："先秦学者对情大体持肯定的态度，以情（诚）反伪，作为'求其心'的根本，这与唐代李翱以后流行的'性善情恶论'有着明显的不同。"④目前似乎甚少有人像高诱、玉忠先生这样从情的角度理解诚的。我们需要在古今两位大家对诚情感属性研究的基础上更进一步。

《中庸》说："喜怒哀乐之未发谓之中，发而皆中节谓之和。中也者，天下之大本也：和也者，天下之达道也。致中和，天地位焉，万物育焉。""中"是内在的深层精神现象，很难用语言加以形象直观的表述，《中庸》采用间接方式描述"中"："喜怒哀乐之未发谓之中"。喜怒哀乐等情绪情感活动是常人所能感知的，

---

① 翟玉忠.性命之学：儒门心法新四书阐微.北京：中央编译出版社，2014：75.

② 刘安编著，高诱注.淮南子.上海：上海古籍出版社，1989：102.

③ 翟玉忠.性命之学：儒门心法新四书阐微.北京：中央编译出版社，2014：72.

④ 翟玉忠.性命之学：儒门心法新四书阐微.北京：中央编译出版社，2014：73.

只要明确认识到喜怒哀乐等情绪情感的发生机制，认识到"中"就相对容易。更重要的是通过情绪情感为切入所认识到的"中"，理所当然地具有情感属性。

情是如何发生的呢？学术界公认为是思孟学派的楚简《性自命出》认为："喜怒哀乐之气，性也。及其见于外，则物取之也。道始于情，情生于性。"[①] 喜怒哀乐等可观察的情绪情感活动虽然是显现的，其发生则源于人蕴含的未发的心性禀赋中。蕴含在心性禀赋中的情因为外物的刺激而显现出来，即"及其见于外则物取之"。情绪情感发生的外部因素是"物"，而内部的根据则在人之性中。对于性，也就是人的内在禀赋，我们不要将其从历史与现实生活抽离出来，避免对禀赋的理解沦为脱离现实的玄学思辨。

人之性是什么？人最关心的是自身、所在组织和所属阶层的生存和发展，所以马克思所说："人的本质不是单个人所固有的抽象物，在其现实性上，它是一切社会关系的总和。"[②] 情绪情感发生的内在心性根据是人对自身、组织、阶层以至于众生生存和发展的关切，而这种关切首先是情感问题，针对于自身乃至众生生存和发展问题毫无关切和追求的人而言，再强烈严重的外部刺激恐怕也难以令其动情。

这样我们就清楚了情绪情感发生的机制：情绪情感＝对人自身以至于众生生存与发展的关切＋外部事物的刺激。

情绪情感与外部事物是经验的直观的，可观察。从情绪情

---

① 翟玉忠.性命之学：儒门心法新四书阐微.北京：中央编译出版社，2014：75.

② 《马克思恩格斯选集》第一卷.北京：人民出版社，1972：18.

感入手，反观情绪情感是如何发生的，我们首先意识到的是外部事物的刺激作用，但这并非根本因素，根本因素在于人对自身与众生生存和发展的关切。这才是情绪情感的根本和源头。因为人追求自身和众生的幸福，因为自身和众生的现状是不幸福的，针对造成众生不幸福的种种因素，我们有了自己的喜怒哀乐。而喜怒哀乐之未发的那个"中"就是深植于我们内心对自身和众生幸福的在意和关切，这是一种极为崇高和庄严的感情，佛教称之为慈悲，基督教称之为博爱，儒家称之为仁。

弄清这个问题后，我们就会理解《大学》"诚意"是说内心是否真正在意家国和天下的福祉，是否想为改变家国和天下不如意的现状，实现其美好未来而努力。如果是，可以说我们对家国天下是有真感情真爱的，这个真感情就是心意的真诚，不是矫揉造作，虚情假意。所以真情就是诚。中国古代字书和学者们将"诚"解释为真实之义，而"诚"所指的真实并非强调外部事物的真实性，而是在强调内在情绪情感的真实性。《大学》也从真情实感的角度对"诚"加以说明："所谓诚其意者，毋自欺也。如恶恶臭，如好好色，此之谓自谦。故君子必慎其独也！"[1] 只要不欺骗自己，只要没有错乱到喜欢常人恶心的味道，荒唐到喜欢那些令常人厌恶的丑陋，那这个人就有对家国天下福祉的在意和关切。哪怕这种关切只是偶尔出现。将这种偶尔闪现的对家国天下的关切之心加以培养，使之成为自己内心的常态，君子就是这样做的。而确实真正在意家国天下福祉时，人从麻木转变为觉醒，从懵懂升华为觉悟，进而为自己的人生确立了意义和价值，

---

① 阮元.十三经注疏下册.礼记正义.北京：中华书局，1980：1673.

可以说这时便对家国天下生发了真感情和真爱。

"小人闲居为不善，无所不至，见君子而后厌然，揜其不善，而著其善。人之视己，如见其肺肝然，则何益矣。此谓诚于中，形于外。故君子必慎其独也。"① 普通人的生存状态是麻木懵懂的，为什么见到对家国天下有真感情大担当的君子会惭愧，因为每个人心中都有对家国天下的真感情、大担当，只是偶尔出现而已。普通人经过"格物致知"，将偶尔呈现的真感情加以培育，令其成长，人格便会升华，心灵空间便会拓展。只要不自欺，深藏内心的莹莹烛光，终将光大为高挂中天的晃晃阳光，达到诚的境界。"诚于中，形于外"，这种真感情强大到一定程度，就会表现出来，并付诸行动。可见《大学》认为对家国天下的情感升华到真的程度就是诚。

我们从情的角度认识诚的含义，情和诚是相通的，只是程度不同而已。情真意切，情真到一定程度，心意自然真实。心意的真实就是诚。

从情的角度理解诚，将诚理解发自内心的对家国天下福祉的关切，诚是发自内心的真情，是真心为家国天下和众生，便很容易为他人理解、认同和接受，故楚简《性自命出》说："凡人情为可悦者，苟以其情，虽过不恶；不以其情，虽难不贵。苟有其情，虽未之为，斯人信之矣。"② 这里的情不是简单的情，而是一种经过心灵洗练而升华的发自内心的全心全意的利他真情。

诚作为儒家思想的核心范畴是极为关键的修炼心性、激发内

① 阮元.十三经注疏下册.礼记正义.北京：中华书局，1980：1673.
② 翟玉忠.性命之学：儒门心法新四书阐微.北京：中央编译出版社，2014：108.

在生命力的方法，有必要从情的角度理解诚。而在经典文献中，虽然情、诚两个范畴在语义和逻辑上共用互通，却只有东汉之高诱先贤，今之翟玉忠先生明确认为情、诚同义。根据前面的讨论，笔者认为高诱先贤、玉忠老师的观点是正确的，但是情、诚两个范畴还是存在差异的：情是普通日常的情绪情感，经过格物致知、慎独等个人修为，将对家国天下、芸芸众生的福祉之在意关切而生发的情感升华为对家国众生的真感情、大担当，用以引导个人经世济民，奉献社会，升华之后的情感便可以称为诚。这样对于诚的含义理解起来便更加直观具体，也可以对经典文献中关于诚的不同讨论做出更加细致的语义抉择和把握，更可以运用诚的方法提高自己内圣的境界，外王的能力。

2. 诚是利他的愿行

诚是发自内心的对家国天下的情感和担当，并非暂时宣泄即可平和的日常情绪。经过修为，情绪情感升华到诚境界的君子，明确了自己对家国天下的核心关切，并付诸行动以求得核心关切之解决。

然而诚转化为行并取得真实良好效果，不是自发的，而是人的意志行为。意志是人有意识地支配、调节行为，通过克服困难，以实现预定目的的心理过程，意志具有引发行为的动机作用，比一般动机更具有选择性和坚持性。意志可以看成是人类特有的高层次动机。意志通过行为表现出来，受意志支配的行为称为意志行为。

大乘佛教修行理论中的愿行思想可以帮助我们理解诚的意志行为特点。大乘佛学修行中最为重视发心和愿行。天台宗将佛教修行理论概括为十个步骤，第一个步骤是观境，第二个步骤是发心。观境相当于《大学》中的"格物致知"。发心主要是在内心生发起上求佛道，下利众生的强烈意愿，故发心亦称发愿。智者大师说："所谓发菩提心，菩提心者，即是菩萨，以中道正观，以诸法实相，怜悯一切，起大悲心，发四誓宏愿（众生无边誓愿渡，烦恼无尽誓愿断，法门无量誓愿学，无上佛道誓愿成。——笔者注）……既已发菩提心，思维欲满足四弘誓愿，必须行菩萨道。所以者何？有愿而无行，如欲度人彼岸，不肯备于船筏，当知常在此岸，终不得度，如病者须药，得而不服，当知病者，必定不差。如贫须珍宝，见而不取，当知常弊穷乏。如欲远行，而不涉路，当知此人不至所在。菩萨发四弘誓愿，不修四行，亦复如是。"①智者大师生动形象地强调行之重要，只有意愿是不够的，更须以意愿指导行为，以行为践行意愿。愿突出的是利乐家国天下众生的真心实意，行突出的是践行意愿。发心原则上属于愿，在愿指导下的行属于行。发心的核心内容是四弘誓愿，有愿之后最重要的是将心愿落实到行动上，行为是弘愿指导下的落地行为。

我们认为诚的第二层含义是利他的愿行。当我们从愿行的角度理解诚的含义时，《大学》《中庸》等经典中关于诚的论述就极易解读。《大学》中的八目：格物、致知、诚意、正心、修身、齐家、治国、平天下，后五个都是在强调践行诚的实践。

从情到行，从内到外，不是自发的，而是人的主观意志行为，需要人克服自己的懈怠，需要人不屈服于外部困难。故《中

---

① 智者大师.释禅波罗蜜.福建莆田广化寺佛经流通处印：30-31.

庸》说："或生而知之，或学而知之，或困而知之，及其知之一也；或安而行之，或利而行之，或勉强而行之，及其成功一也。"①《中庸》将践行内在真情叫做诚之，将内在的诚转化为行为，提出只有"择善而固执之"，才能将内在的诚升华为行为，并取得良好社会效果。《中庸》对"择善固执"进行详尽的可操作的说明，"博学之，审问之，慎思之，明辨之，笃行之。有弗学，学之弗能，弗措也；有弗问，问之弗知，弗措也；有弗思，思之弗得，弗措也；有弗辨，辨之弗明，弗措也；有弗行，行之弗笃，弗措也；人一能之，己百之，人十能之，己千之。果能此道矣，虽愚必明，虽柔必强。"②践行内在的诚，付诸实践，不是匹夫之怒的情绪冲动，而是理性的意志行为，作为意志行为的愿行需要胆大心细，任何一个环节都不能疏忽，需要围绕着自己的能力和要解决的问题而博学、慎思、明辨、笃行，只有这样人才会提高，从愚变明，从柔变强，进而去解决实际问题。解决问题同样是一个漫长的过程，需要人的执着和坚韧。正如曾子所说："士不可以不弘毅，任重而道远。"③只有这样才能取得效果和成绩。《中庸》的对解决问题，促进民生和造福社会之过程的描述："其次致曲，曲能有诚，诚则形，形则著，著则明，明则动，动则变，变则化，唯天下至诚为能化。"④"故至诚无息。不息则久，久则征，征则悠远，悠远则博厚，博厚则高明。博厚，所以载物也；高明，所以覆物也；悠久，所以成物也。博厚配地，高明配

---

① 阮元.十三经注疏下册.礼记正义.北京：中华书局1980：1629.
② 阮元.十三经注疏下册.礼记正义.北京：中华书局1980：1632.
③ 阮元.十三经注疏下册.礼记正义.北京：中华书局1980：2487.
④ 阮元.十三经注疏下册.礼记正义.北京：中华书局1980：1632.

天，悠久无疆。如此者，不见而章，不动而变，无为而成。"①

《中庸》不厌其烦地描述解决问题的不同阶段和过程，无一不是在强调问题的解决、意愿的实现不是一蹴而就，需要人不忘初心，持久不怠。正像佛教俗语所说"出家如初，成佛有余"。这说明诚不仅是对家国天下的担当和情感，更须持久不懈的大愿大行。

3.诚是天道智慧

翟玉忠先生在《性命之学——儒门心法新四书阐微》一书的后记《中国有通天人之际的大学问》对中国文化核心做了精确的概括："中国本土知识系统的主体部分分为两个互相关联的层次。一是由道至名而至于法，分别由具有代表性的三个学派组成，即道家、名家、法家。这是由内圣到外王、由天道向人道的路线，这一路线的集大成是兴盛于战国至西汉的黄老之学；二是儒家最高'密法'，性命与天道之学（古人讲'学达性天'，亦称性命之学）。它由孔子所传，子思氏之儒发扬光大，但孟子之后已经鲜为人知。性命之学与天道之学是由理至性而至于命，也就是《易经·说卦传》所言的'穷理尽性以至于命'。……前一个知识体系整体上是由天道至人道，后一个知识体系整体上是有人道至天道。"② 我们对诚的理解符合翟玉忠先生的对儒学路线即由人道至天道的认识，也再一次证明翟玉忠先生概括的正确。

中国文化不同于西方文化的最大特点是人文性、世俗性，神

---

① 阮元.十三经注疏下册.礼记正义.北京：中华书局1980：1633.

② 翟玉忠.性命之学：儒门心法新四书阐微.北京：中央编译出版社，2014：208-209.

是西方文化的源头，人神分离，二元对立，因此黑格尔将耶稣定为西方历史的轴心。中国文化源于人对自身、社会、宇宙的清醒反思和认识，尤其是对人的性情、使命和终极发展目标的觉悟。基于这种反思和觉悟，中国圣贤提出了超越众神的高度世俗理性的范畴——道——作为中国优秀传统文化的最高范畴。天道不同于自然科学意义上的宇宙运行法则，而是对人道——人对家国天下众生的真挚情感、造福众生的实践能力和具体贡献功德的极致理想状态的比喻，人道的极致即天道，天道的落实即人道。《中庸》便是从这个角度描述道的。《中庸》说："天命之谓性，率性之谓道，修道之谓教。"[①]天命即人性，这里的"天命"不是宿命的意思，而是天地宇宙的功能，天地永远在无怨无悔生化万物，《中庸》将此规定为人的本质属性。天地人三才，人虽居其一，却包容天地，统合天地，人的本质上与天地一样，具有无穷的生化万物的情感与能力，将其展现出来就是道。使人认识到自身的本质属性如同天地，并将其展现出来，需要教化。

《中庸》发展和丰富诚的含义，更进一步以诚表述天道。"诚者，天之道也；诚之者，人之道也。诚者，不勉而中，不思而得，从容中道，圣人也。"[②]天地生化万物的情感态度、意志行为和成就功德可以称为诚，圣人于人事上践行天道，在世俗中证悟天道，获得了天道智慧，实现了人事与天道的合一，能像天地生化万物一样，毫不勉强，从容地以适合的方式为家国天下众生的幸福努力。

天道是圣人大功德智慧境界的比喻，老子用自然来表述，

---

① 阮元.十三经注疏下册.礼记正义.北京：中华书局1980：1625.
② 阮元.十三经注疏下册.礼记正义.北京：中华书局1980：1632.

"人法地、地法天、天法道，道法自然。"①孔子用"天何言哉？四时行焉，百物生焉，天何言哉？"②用来描述自己的内在智慧。不论老子还是孔子均用比喻说明圣贤所证悟的天道智慧，那能不能用一个更简洁、更富有性命之学意义上的词汇来表述天道智慧呢？有，《中庸》便用"诚"表示天道智慧。诚是护惜万物的大慈悲，是生化万物的大行愿，是利他无我、成就万物的大智慧。人能以大情感爱众生、大行愿度众生，就会获得诚的大智慧。

"天地之道，可一言而尽也：其为物不贰，则其生物不测。天地之道：博也，厚也，高也，明也，悠也，久也。今夫天，斯昭昭之多，及其无穷也，日月星辰系焉，万物覆焉。今夫地，一撮土之多，及其广厚，载华岳而不重，振河海而不泄，万物载焉。今夫山，一卷石之多，及其广大，草木生之，禽兽居之，宝藏兴焉。今夫水，一勺之多，及其不测，鼋鼍、蛟龙、鱼鳖生焉，货财殖焉。诗云：'维天之命，于穆不已！'盖曰天之所以为天也。'于乎不显！文王之德之纯！'盖曰文王之所以为文也，纯亦不已。"③

天地生化万物方法是诚，在用极具感染力和形象的文字表述了天地之道后，《中庸》述说圣人像天地那样造福社会："大哉圣人之道！洋洋乎！发育万物，峻极于天。优优大哉！礼仪三百，威仪三千。故曰苟不至德，至道不凝焉。故君子尊德性而道问学，致广大而尽精微，极高明而道中庸。温故而知新，敦厚以

① 《道德经》.《百子全书》下册.杭州：浙江古籍出版，1998：1342.
② 阮元.十三经注疏下册.礼记正义.北京：中华书局1980：2526.
③ 阮元.十三经注疏下册.礼记正义.北京：中华书局1980：1633.

崇礼。"[①]

《荀子·不苟》说:"变化代兴,谓之天德。天不言而人推高焉,地不言而人推厚焉,四时不言而百姓期焉:夫此有常以至其诚者也。君子至德,嘿(同"默"——笔者注)然而喻,未施而亲,不怒而威:夫此顺命以慎其独者也。善之为道者:不诚,则不独;不独,则不形;不形,则虽作于心,见于色,出于言,民犹若未从也;虽从必疑。天地为大矣,不诚则不能化万物;圣人为知矣,不诚则不能化万民;父子为亲矣,不诚则疏;君上为尊矣,不诚则卑。夫诚者,君子之所守也,而政事之本也。"[②]

荀子虽然对思孟学派有所指摘,但对诚的认识,荀子与《中庸》则比较一致。荀子先介绍天地宇宙生化万物的功德,天地因其诚而生化万物,圣贤君子只有坚持践行诚,才能化万民,尽人事以行天道。

根据以上讨论,我们可以清晰理解诚至少在逻辑上包括依次递进、由人道至天道、由内圣至外王的三个含义:真情、愿行和天道智慧。这样我们就可以对经典中在不同语境下关于诚的论述做出具体解释。比如《中庸》"顺乎亲有道,反诸身不诚,不顺乎亲",诚强调的是对亲族是否有真情感。"至诚不息"中的"诚"强调的是具有意志行为特征的行愿。更重要的,当我们从真情、行愿和天道智慧三个层次去理解诚这一范畴时,诚这一中国优秀传统文化思想就可以转化为指导我们生活工作的方法。比如通过反思日常情绪,发现内在的真关切,使日常情绪升华为对家国众生的慈悲心与担当,以此为动力去践行。

① 阮元.十三经注疏下册.礼记正义.北京:中华书局1980:1633.
② 邓汉卿.荀子绎评.长沙:岳麓书社,1994:60-61.

六、《中庸》的教育法门

　　《中庸》认为人生最终目标是展现内在之中的力量，实现天地位万物育的目的。从内在之中到天地为万物育之间，需要能力的提高，即人要变得"明强"。因此《中庸》蕴含着丰富、深刻、实用的教育思想。

　　子思作《中庸》，西汉时被戴圣编入《小戴礼记》。《小戴礼记》在汉武帝时被尊为经，此后一直保持经的地位。《隋书·经籍志》子部首列儒家，并认为儒家是中庸之教，可见中庸思想是儒家思想的核心。南宋理学家朱熹更是直接将《中庸》《大学》两篇从《小戴礼记》中拈出，与《论语》《孟子》一起合称四书，作《四书章同集注》，朱熹在根本上误读先秦儒家的中庸思想，使之沦落为空疏的玄学，但是有个积极作用便是加速了中庸范畴的普及。

　　为何要阐述《中庸》的教育思想？

　　第一，中国传统学术中，儒家最重视平民教育和性命教育。黄老之学立足于为帝王之师友，管商之学立足于为帝王之相，纵横之学为帝王之使，孙吴之学立足于为帝王之帅。只有儒家之学以平民的性命之学为立足点，以导平民成圣贤为目的。故儒家作品中蕴含着丰富、深刻、系统的教育思想，作为阐述和传播儒家核心中庸思想的《中庸》一书，更是如此，所以有必要挖掘《中庸》一书中的教育思想。

第二，理学将中庸思想修正为玄学。中庸本来是引导人为了家国天下福祉，实现天地位、万物育的大理论和大智慧，却被理学改造成脱离社会现实和人的创造性，一味盲目地在内心寻找天理，彻底否定现实生活的高级洗脑术。中庸被理学歪曲利用，成为士绅阶层愚民和剥民的工具，教育价值被彻底扼杀。

第三，近代以来，中国竭尽全力引进西方学术，指导中国教育的理论——心理学、教育学，亦从西方引进。西方心理学、教育学是在观察测量动物、儿童和大学低年级学生的心理学习行为基础上形成，指导学前教育和学校教育有价值，但在指导全人教育、终生教育上就显得捉襟见肘。在理论上，教育学和心理学基于西方个人主义而建立，割裂了人与家庭、社会和自然的天然的有机联系，这在教育目标上表现得尤为明显。教育学、心理学认为教育的最终目标是自我实现，这和中国人追求治国平天下差异极大。长久以来中国教育界更是庸俗教育理论盛行，比如快乐教育、鼓励教育、学生自主教育、成功教育，造成中国教育理论和实践的混乱，一线教师无所适从。所以发掘中国传统教育思想，提炼出可操作的能够指导终生教育和全人教育的理论和方法，不仅必要，而且迫切。

最后，对于中国优秀传统文化的研究，学术史的梳理、核心范畴的解读、思想体系的建构是必要的，是进一步研究的基础。传统文化的研究如果停留于此，那么中国优秀传统文化就成了书

斋中的学问。对中国传统文化进行创造性转化和创新发展的一个
重要方向是发掘传统文化的应用价值，依据文化经典、结合现实
社会，提炼出指导现实的可操作方法，这样才能使传统文化走出
象牙塔。我们采用教育法门而没有采用教育思想，是因为"教育
法门"这个词更能突出其可操作性。

中国古典学术与西方近代空喊人生而平等的口号不同，始
终承认人的差别性。《老子》说："上士见道，勤而行之，中士
见道，若存若亡，下士见道，大笑之，不笑不足以为道。"①《论
语·雍也》曰："中人可以语上，中人以下不可以语上。"②《中庸》
也认为人的根性是存在差别的。《中庸》说人"或生而知之，或
学而知之，或困而知之"。教育的对象是人，必须要根据人的差
别性，采用相应的教育法门。

中国历史很早就进入文明阶段，社会分工极为发达。春秋时
期便有四民异业的思想，四民指的是士、农、工、商四个职业。
每个职业具体分工更为细致，工就有百工之说。儒家强调作为儒
生要掌握六种技能即六艺，这六种技能包括礼（礼仪）、乐（音
乐）、书（书写）、数（计算）、射（武术）、御（驾车）等。根据
《周礼·天官·冢宰》中的记载，仅服务于宫廷的医生就有医师、
食医、疾医、疡医、兽医四类。③在长期实践的基础上形成了职
业性的文献经典对不同行业的知识进行汇集和总结。班固在《后
汉书·艺文志》将这些属于不同职业的文化经典分为六类，六
艺、诸子、诗赋、兵书、数术、方技六类。当代社会的分工远比

---

① 道德经.孟子全书下册：杭州：浙江古籍出版社，1998：1346.

② 阮元.十三经注疏下册.论语注疏.北京：中华书局1980：2479.

③ 阮元.十三经注疏上册.周礼注疏.北京：中华书局，1980：640.

古代精细系统。可见职业技能是人融入社会、服务社会，谋求生存与幸福的切入点。

根据人根性的差别和职业特点，将《中庸》中的有关论述提炼出《中庸》的四种教育法门：天道教育法门、世道教育法门、家道教育法门、技艺教育法门。

1. 天道教育法门

上等根性之人，胸怀宇宙，包藏天地，具有悲天悯人的情怀和担当。陆象山少年时代便自诩："举手攀南斗，斜身倚北辰，举头天外望，谁我这班人。"张载的四句教"为天地立心、为生民立命，为往生继绝学，为万世开太平"，表现出开天辟地的责任感。此等人生来具有荣格所说的宇宙意识。对于上等根性的人，《中庸》中有天道教育法门。

天道教育法门的资料主要是《中庸·天命章》（因朱熹《四书章句集注》分章过细，我们引用《中庸》便根据材料大意命名为某某章）。

> 天命之谓性，率性之谓道，修道之谓教。道也者，不可须臾离也；可离，非道也。是故君子戒慎乎其所不睹，恐惧乎其所不闻。莫见乎隐，莫显乎微，故君子慎其独也。喜怒哀乐之未发，谓之中；发而皆中节，谓之和。中也者，天下之大本也；和也者，天下之达道也。致中和，天地位焉，万物育焉。

因上等根性之人具有广博的心胸、悲天悯人的情怀、坚定卓绝的愿力、不同凡响的智商，故此法门表达所用文字简要却玄妙，笔者结合资料略加说明。

"天命之谓性，率性之谓道，修道之谓教"，大意是人尚未展现表达出来先天禀赋中蕴含着无限的可能和力量，具有如同天地孕育生发万物的情怀和力量。将人禀赋中本有的生化万物的创造力量展现表达出来是道。教育的目的是引导人认识到自身创造力的无限性、掌握体认和展现创造力量的方法，实现天地位、万物育的目的。"道也者，不可须臾离也；可离，非道也"，道指的是用正确方法完成任务，达到目的，需要正确方法，教育为的是引导人们掌握正确方法。道不可须臾离，离开正确的方法，不但无法完成任务，达到目的，还会因方法错误付出高昂代价。方法也就是毛主席极为重视的路线问题。毛主席说："一个政党要引导革命到胜利，必须依靠自己政治路线的正确和组织上的巩固。"①"路线正确一切都有，路线错了就会垮台。路线对了，人少会有人，没有枪会有枪，也会有政权；路线错了，人再多、枪再多也没有用。"②率性需要正确方法，研究主客观矛盾是获得正确方法的手段，研究矛盾，抓住主要矛盾和矛盾的主要方面，其他矛盾也就迎刃而解。

第一步是深刻体认内在心性，确认内心的精微。因为这精微是人先天禀赋中最宝贵的部分。"是故君子戒慎乎其所不睹，恐惧乎其所不闻。莫见乎隐，莫显乎微，故君子慎其独也"，体认精微的正确方法是通过戒慎、恐惧来觉察耳不能闻、眼不能睹的

---

① 《毛泽东选集》第一卷.北京：人民出版社，1966：278.

② 中共中央文献研究室.毛泽东年谱（1949—1976）第六卷.北京：中央文献出版社，2013：337.

内在心性。如果没有感悟到内在的深层精神存在——"隐"和"微",那么不要放弃,继续保持心灵的高度宁静,并觉察这种宁静。

第二步是体认到内在的精微就是"中",并让"中"以"和"的形式表达展现出来。"喜怒哀乐之未发,谓之中;发而皆中节,谓之和",经过戒慎恐惧和慎独,发现喜怒哀乐等情绪情感的源头——"隐"和"微",子思把这个源头称为"中"。"中"是内在的,包含着仁、义、礼、智、信五种品德和能力。现实和理想的矛盾激发起人的喜怒哀乐等情绪情感,喜怒哀乐的源头是"中"。"中"所蕴含仁义礼智信发自内心,不是因为外界的引导或强制。所以楚简《五行》说:"仁形于内,谓之德之行。不形于内,谓之行仁。义形于内,谓之德之行。不行于内,谓之行。礼形于内,谓之德之行。不形于内,谓之行。智形于内,谓之德之行。不形于内,谓之行。圣形于内,谓之德之行。不形于内,谓之行。德之行五,和谓之德。四行和,谓之善。善,人道也。德,天道也。"[①]此文强调经过内修,人达到圣的境界,禀赋中的仁、义、礼、智等美好品质和能力得到发掘和培育,从而自觉与天道合一。《中庸》说:"诚者,天之道。诚之者,人之道。诚者,不勉而中,不思而得,从容中道,圣人也。"[②]

经过天道教育训练的人能像天地那样自觉地执着地造福众生,促进文明发展,实现天地位、万物育的目标。"中也者,天下之大本也;和也者,天下之达道也",人出于对天下众生的真

---

① 翟玉忠.性命之学:儒门心法新四书阐微.北京:中央编译出版社,2014:26.

② 阮元.十三经注疏下册.礼记正义.北京:中华书局1980:1632.

情感，根据现实环境创造新生活，改造新世界。故"中"是天下社会的根本。"和"是"中"的表现方式，既符合人的内在心性，也符合社会需要。所以"和"是实现社会幸福的基本方法。"致中和，天地位焉，万物育焉"，只要让内在的"中"以"和"的方式展现出来，人类社会充满生机并且和谐。

我们还可以借用《孟子·尽心》"万物皆备于我，反身而诚，乐莫大焉"来理解《中庸》的天道教育法门。万物皆备于我，社会是什么状态取决于我们想创造一个什么样的社会。如果人高度相信自己的理想和力量，全力以赴发挥自己的力量，实现理想，最终造福社会——自己是幸福的，社会也是幸福的。因为他已经将人生和社会融为一体。

2.世道教育法门

中等根性的人缺乏宇宙意识，但是关怀社会，心忧众生，社会责任感和历史使命感强。针对此等人的教育法门是世道教育法门。主要资料是《中庸·哀公问政章》。

> 在下位不获乎上，民不可得而治矣。故君子，不可以不修身。思修身，不可以不事亲。思事亲，不可以不知人。思知人，不可以不知天。天下之达道五，所以行之者三，曰：君臣也、父子也、夫妇也、昆弟也、朋友之交也。五者，天下之达道也。知、仁、勇三者，天下之达德也。所以行之者一也。或生而知之；或学而知之；或困而知之：及其知之，一也。或安而行之；或利而行之；或勉强而行之：及其成功，一也。子曰：好学近乎知。力行近乎仁。知耻近乎勇。

> 知斯三者，则知所以修身。知所以修身，则知所以治人。知
> 所以治人，则知所以治天下国家矣。

世道教育法门是从反思、分析社会入手。儒家主张通过参与社会管理的方式奉献社会，平民参与社会就需要入仕从政。想入仕从政，需要走入上层的视野，得到上层的关注。入仕成功之后，民才能可得而治。如何得到上层的关注，需从修身开始，此处的修身指提高个人的品行和能力。家庭家族是人的基本生活单位，管理好家庭家族事务，让家庭和睦幸福是人的能力体现之一。要想治理好家庭家族，需要全面地了解人性。家庭、家族关系是最复杂的，人性在家庭、家族中的表现最为充分、全面。如果对人性没有全面的了解，很难治理好家庭和家族事务。而要了解人性，则需要认识天地宇宙。为什么需要认识天地宇宙？因为"天命之谓性"，人的禀赋，无论是潜在的还是表现出来的，都和先天有关系。

先秦时代基本社会关系有五种，君臣、父子、夫妇、昆弟、朋友。君臣指政治关系，父子、夫妇、昆弟指家庭家族关系，朋友是社会关系。处理好五种关系，社会就和谐进步。而要处理好五种关系，需要三种能力，三种能力是智、仁、勇。智、仁、勇为三达德，三达德是说三种基本能力。这三种基本能力是一即三，三即一的，三者相互支撑、相互依托。我们可以将其称之为"能力铁三角"。真仁必含真知、真勇；真知必含真仁、真勇；真勇必含真仁、真知。运用三种能力去处理好五种关系的动力是什么？是真情感、真愿行，即一颗诚心，即所以行之者一也。三种能力是处理好五种关系的前提，要获得三种能力，方法只有一

个，那就是学习。

　　人想要获得三种能力的动机不同，有的生来就有获得三种能力的强烈动机而好学。有的因为接受教育而获得三种能力。属于生而知之、学而知之的两类人很少。所以孔子自诩他的高徒颜回是唯一好学的一个人。至于生而知之的人，孔子说自己尚未见到。多数人因为遇到了困境，遇到了自己解决不了的问题，因环境所迫才学习的。不管因为什么原因学习，只要获得了三种能力就足够了。运用三种能力处理五种关系的身心状态亦有不同，有的人安而行之，不用三种能力去解决五种关系，自己心里就不踏实。有的人是因为名利的驱使而运用三种能力去为社会工作。有的人是因为社会要求自己去做才做的。不论什么原因，只要真正运用三种能力为社会做贡献即可，不必在意当事人的动力和身心状态。三种能力是处理好五种关系，修身治国平天下的起点，缺乏三种能力，一切无从谈起。《中庸》不厌其烦地交代了获得三种能力的入门方法，即好学近乎知，力行近乎仁，知耻近乎勇。

3.家道教育法门

　　此等根性之人没有宇宙意识，缺乏对社会关怀，但他们爱家人、敬亲人。对家庭、家族有责任感和使命感。《中庸》一书中更有针对此根性之人的教育法门。主要资料是《中庸·择善章》和《中庸·博学章》。

　　　　在下位不获乎上，民不可得而治矣。获乎上有道：不信乎朋友，不获乎上矣。信乎朋友有道：不顺乎亲，不信乎朋友矣。顺乎亲有道：反者身不诚，不顺乎亲矣。诚身有道：不明乎善，不诚乎身矣。诚者，天之道也。诚之者，人之道也。诚者，不勉而中不思而得：从容中道，圣人也。诚之者，择善而固执之者也。

博学之，审问之，慎思之、明辨之，笃行之。有弗学，学之弗能，弗措也。有弗问，问之弗知，弗措也。有弗思，思之弗得，弗措也。有弗辨，辨之弗明，弗措也。有弗行，行之弗笃，弗措也。人一能之，己百之。人十能之，己千之。果能此道矣，虽愚必明，虽柔必强。

人要想为施展自己的抱负，为社会解决问题，首先需要走进领导的视野，获得领导的认可。获得领导认可的前提是获得朋友的信任。人人都有自己的朋友圈，如果朋友圈都不相信接纳自己，就勿谈"获乎上"了。没人信任者如果被领导认可，可想而知他是通过不正当手段而获得领导认可的，肯定存在潜规则。要让朋友信任，方法是处理好家庭家族事务和亲密关系。在家庭家族中，人崇高或则阴暗等各种禀赋会充分展示出来，家庭家族关系是最复杂的人际关系，既有感情关系也有利益关系，最难处理好，清官难断家务事。能将最难的关系处理好，当然需要当事人有足够的能力和智慧。如何才能处理好最难处理的家庭关系，这就看当事人是否以一人之身承担起对家庭的责任。要承担起对家庭的责任，为家庭成员解决问题就要明善。

"善"的通俗含义是吉①或者好②，而其核心字义当为演，即事

---

① 许慎撰，段玉裁注.说文解字注：上海：上海古籍出版社，1981：102.
② 黎靖德.朱子语类第一册.北京：中华书局，1986：267.

物以其内在规律向积极方向发展。东汉刘熙编纂字典《释名》认为："善，演，演尽物理也。"①"演，延也，言蔓延而广。"②许慎认为："演，长流也，从水寅声。"③"演"为形声字，"氵"表形，"寅"表声表义。西汉之前成书的《尔雅·释诂下》以进释寅，"寅，进也。"④南朝时期顾野王编纂的字典《玉篇》以强释寅，"寅，演也，强也。"⑤而《释名》对寅的解释与善基本相同，"寅，演也，演生物也。"⑥

综合分析以上字书关于善的解释，应该说刘熙的解释最得"善"之核心字义，事物按其内在规律向积极方向发展，那么事物自然就进步和强大，事物进步、强大当然是吉祥和美好的。明善是说人要了解研究和掌握事物内在的发展规律，按照事物的发展规律来解决问题。人明善之后，解决问题的能力便会提高，所以明善也指人能力的提高。要明善，先诚身。能力的提高不是轻而易举的，需要人全身心地投入，只有对家庭家族有真情才会全力提高完善自身。诚身是指人对家庭家族怀有真情感，具有真想为家庭家族解决问题的愿行。人的第一个生活环境是家庭，家庭环境、家庭困难影响到个人的人生选择。父亲被欺负，儿子可能想练武复仇，母亲身患重病，儿子可能想学医。金元四大家的朱丹溪能够成为一代名医，是因为他母亲和老师的疾病。所以明善

---

① 刘熙.释名.北京：中华书局，2016：50.
② 刘熙.释名.北京：中华书局，2016：49.
③ 许慎撰，段玉裁注.说文解字注.上海：上海古籍出版社，1981：547.
④ 阮元.十三经注疏下册.尔雅注疏.北京：中华书局，1980：2573.
⑤ 王平、刘春元等编著.宋本玉篇.标点整理本.上海：上海古籍书店出版社，2017：460.
⑥ 刘熙.释名.北京：中华书局，2016：4.

是说家庭问题激发了当事人想掌握某种核心能力为家庭解决问题的想法。明白了自己想要掌握的核心技能并想获得这种技能，就要择善固执。

核心能力的掌握不是一蹴而就，需要固执之。固执的方法是"博学之，审问之，慎思之，明辨之，笃行之。有弗学，学之弗能，弗措也。有弗问，问之弗知，弗措也。有弗思，思之弗得，弗措也。有弗辨，辨之弗明，弗措也。有弗行，行之弗笃，弗措也。人一能之，己百之。人十能之，己千之。"上述引文共79个字，"之"字反复出现14次，这个"之"指固执的对象，指当事人因为家庭家族等因素所选择的方向和领域。博学、审问、慎思、明辨、笃行，一、十、百、千，都是围绕这个核心进行。紧紧围绕这个核心博学、弗措，一千，就会掌握这项核心能力，掌握核心能力，当事人就成为明者和强者，明者、强者就是明善，掌握事物发展规律，按照事物发展规律解决现实问题。

4.技艺教育法门

上根之人本来极少，故孔子感叹未见过生而知之者。国家的动荡，家庭的困顿也是人民所不愿意见到的。虽然家国的困顿能激励人们生发大志大勇，最终还要以具体的技艺为家国的困顿解决问题。大多数人是以从事某种具体工作而谋生的，并且懵懵懂懂地无可奈何地进入某个领域，从事某个行业。怎样才能成为本领域本行业的能手，如何通过成为行业能手维持自己的生活，为社会做贡献呢？《中庸》提供了相应的方法，我们将其称之为技艺教育法门，主要材料是《中庸·诚明章》。

　　自诚明谓之性，自明诚谓之教。诚则明矣，明则诚矣。唯天下至诚，为能尽其性；能尽其性，则能尽人之性；能尽人之性，则能尽物之性；能尽物之性，则可以赞天地之化育；可以赞天地之化育，则可以与天地参矣。其次致曲。曲能有诚，诚则形，形则著，著则明，明则动，动则变，变则化。唯天下至诚为能化。诚者自成也，而道自道也。诚者物之终始，不诚无物。是故君子诚之为贵。诚者非自成己而已也，所以成物也。成己仁也；成物知也。性之德也，合外内之道也，故时措之宜也。

　　"自诚明谓之性，自明诚谓之教。诚则明矣，明则诚矣"，此言是说明"诚明"的含义，是对《中庸·择善章》"诚者，天之道也。诚之者，人之道也。诚者，不勉而中不思而得，从容中道，圣人也。诚之者，择善而固执之者也"的另一种表达。故需结合《中庸·择善章》关于诚的论述对"诚明"的含义加以说明。"诚者天之道"，天地自然运行的法则是无我利他，无为无不为的，所以孔子说："天何言哉，四时行焉，百物生焉，天何言哉。"所以只要以无我利他的情感，以自强不息的弘毅执着努力提高品行和能力，按照事物发展规律处理各种问题，自然会表现出不勉而中，不思而得，从容中道的大智慧。这是宇宙人生运行的公理，无需证明。所以说"自诚明谓之性"。普通人没有达到诚的境界，需要自我修养和提高，即"诚之者，人之道"。自我提高的方法是"择善而固执之"，从对具体问题的学习和研究入手，将具体问题研究清楚，以豆芥之微，观大千世界，从具体问题中认识到宇宙人生根本的运行法则是大情感和大愿行。这便是

"自明诚谓之教"。

> 唯天下至诚，为能尽其性；能尽其性，则能尽人之性；能尽人之性，则能尽物之性；能尽物之性，则可以赞天地之化育；可以赞天地之化育，则可以与天地参矣。

此段内容说明达到诚的境界者有赞天地之化育的作用。只有达到诚的境界者方能将内在心性中所蕴含的、如同天地生化万物的无限功能展现出来。在圣贤的管理引领下，社会中每个人的才能都可以充分表达，因为每个社会成员的作用得到尊重和发挥，充分顺应自然、运用自然，改造自然，人尽其心，物尽其力。天人和谐，万物兴旺，人生幸福。这就是赞天地之化育，因为人的作用，天地宇宙更加充满生机与活力。

> 其次致曲。曲能有诚，诚则形，形则著，著则明，明则动，动则变，变则化。唯天下至诚为能化。

我们可以将"致曲"理解为学习具体的技艺，从事具体的职业。既然诚的功能如此强大，在学习具体技艺，从事具体工作时，若持诚的态度，就可以使自己的技艺升华为道艺，如《庄子·养生主》中的庖丁，可以使自己的小职业成为大事业，使用以谋生的工作融入社会进步和民生幸福的伟大进程中。当然这个过程不是一蹴而就的。一件具体事务，一项具体事业，只要全身心地投入去做，此事务、此事业就会初具雏形。继续全身心投入地去做，此事务此事业就会规模更大而引起人们的关注。继续全身心投入去做，此事务此事业就会成为人所共知和赞叹的事业。此时，此事务此事业因为人所共知、人所认同而进入跨越式发展阶段，"明则变"。继续全身心投入去做，此事务此事业就会和人们的生活融为一体，成为民生幸福不可欠缺的有机内容。

5.结语

中国传统文化经典的创造性转化和创新性发展，我们最欠缺的是从应用的高度发掘优秀传统文化经典的内涵，提炼出可操作的指导具体社会实践的可行性方法。中国传统文化经典的作用如果仅仅是提高人文素养，塑造公共道德，而不能指导纷繁复杂的社会实践，我们就贬低了自身文化经典的潜力和价值。

为此斗胆将《中庸》内的相关章节拈出来，从教育法门的角度进行重新解读，总结出《中庸》的天道教育法门、世道教育法门、家道教育法门、技艺教育法门。这种解读，对于往圣时贤公认的解读来说大有不同，但我们应该认识到其可能也是一种创新。

丙编

如切如磋

独学无友，则孤陋难成。在与新法家团队的共同工作中，收益良多，尤其是新法家网站总编辑翟玉忠先生。笔者研究《大学》《中庸》，玉忠先生的作用极大。客观地讲，没有玉忠先生的鞭策和点化，关于《大学》《中庸》本义的研究可能早就半途而废了。

玉忠先生虽然行愿刚毅、学富五车、著作等身，依然谦虚好学。将我和玉忠先生切磋交流的代表性作品和玉忠先生令我十分受益的有关《大学》《中庸》的五篇归入此编，以飨读者。

一、翟玉忠：“人心惟危，道心惟微”本义考

　　作者按：唐宋以来直到今日，学人之一大弊病在于割裂诸子，师心自用。以至于人人异说，个个“专家”！儒家心法的精髓，古文尚书《大禹谟》中的“人心惟危，道心惟微”，本是讲学人做功夫，由日常戒惧至于无为境界。一千多年来，注家几乎都将之解释为危险人欲与精微天理的对立，导致学人做功夫无下手之处——良可叹也。“人心惟危，道心惟微”源自《荀子·解蔽篇》所引古《道经》“人心之危，道心之微”，荀子在其中作了详尽的解释；汉以后儒家黜荀申孟，贬低荀子、推重孟子，长期以来对此视而不见——门户之见，蔽塞之祸，竟然遗害至今。

　　大道为天下裂久矣，“世间须大道”①，诸君努力！

---

　　① 引南怀瑾先生1997年金温铁路通车时的诗作；据《青年时报》2012年10月1日题为《世间须大道，何只羡车行》的纪念文章：“1997年在金温铁路的通车仪式上，南怀瑾没有回来，只作了一首感言的诗：‘铁路已铺成，心忧意未平。世间须大道，何只羡车行。’南怀瑾为金温铁路筹资了4568万美元，在建设完成之际，将股权转让给浙江省和铁道部，功成身退，分毫不沾。”

本文曾与付金财老师以邮件形式讨论，特将付老师的邮件附于本文之后。

中国文化，圣人精德立中，内圣外王的宗旨，由来远矣。据现今发现的战国文献资料，可上推至尧的时代。①

不过"人心惟危，道心惟微，惟精惟一，允执厥中"一语，则源自东晋才问世的《古文尚书·大禹谟》，南宋朱熹在《中庸章句序》中大加推崇，被后学称之"十六字心传"（又称"虞廷十六字"），影响中国文化甚巨，直至今日。

朱熹认为，这十六个字是道统的核心，是古圣先贤一脉相随的不二法门，直到传到居功甚伟的孔子。他说：

> 夫尧、舜、禹，天下之大圣也。以天下相传，天下之大事也。以天下之大圣，行天下之大事，而其授受之际，丁宁（通"叮咛"——笔者注）告诫，不过如此。则天下之理，岂有以加于此哉？自是以来，圣圣相承。若成汤、文、武之为君，皋陶、伊、傅、周、召之为臣，既皆以此而接夫道统之传，若吾夫子，则虽不得其位，而所以继往圣、开来学，其功反有贤于尧舜者。②

按照朱熹的理解，"十六字心传"核心是讲人心与道心之异，人心是"危殆而不安"的，道心是"微妙而难见"的。关键是学人当治人心，并归于道心，使天理战胜人欲，实现"危者安、微

---

① 清华简《保训》中有："昔舜久作小人，亲耕于历丘，恐求中……"
② 朱熹撰，徐德明校点.四书章句集注.上海：上海古籍出版社，2001：18.

者着(通"著"——笔者注)"。《中庸章句序》中他说：

> 心之虚灵知觉，一而已矣。而以为有人心、道心之异
> 者，则以其或生于形气之私，或原于性命之正，而所以为知
> 觉者不同，是以或危殆而不安，或微妙而难见耳。然人莫不
> 有是形，故虽上智不能无人心，亦莫不有是性，故虽下愚不
> 能无道心。二者杂于方寸之间，而不知所以治之，则危者愈
> 危，微者愈微，而天理之公卒无以胜夫人欲之私矣。精则察
> 夫二者之间而不杂也，一则守其本心之正而不离也。从事于
> 斯，无少闲断，必使道心常为一身之主，而人心每听命焉，
> 则危者安、微者着，而动静云为自无过不及之差矣。

这段话是说，心的虚灵知觉，原本只是一个。说它有人心、道心的区别，是由于它或者产生于属于个人的形体、气质，或者根源于纯正的本性，因此那支配知觉的东西也就有了差别，所以它或者危险而不安分，或者隐微而难以呈现。然而，谁也不能没有这个形体，所以即使上智者也不能没有人心，无论谁也都有这个本性，所以即使下愚者也不能没有道心。二者混杂于心这个方寸之地，若不知如何治理它们，就会使危险的越加危险，隐微的愈加隐微难以呈现，大公无私的天理将永远无法战胜自私的人欲了。精审，就能辨明二者的区别而不使它们混杂；专一，就能保持自己本心的纯正。这样做，从不间断，一定会使道心总是作为身的主宰，而人心就事事顺从了。于是危险者安宁了，隐微者显著了，动与静、说与做也就自然没有过与不及的偏差了。

在朱熹看来，"精""一"才是真正的下手处，而"人心惟

危，道心惟微"，是对两分的人心、道心的描述。

朱熹的错解不是偶然的，与《古文尚书》同出的孔安国传中，已经有将人心、道心两分的倾向。上面说："危则难安，微则难明，故戒以精一，信执其中。"伪孔传语虽简洁，但其核心思想与朱熹异曲同工。

唐代在孔颖达《尚书正义》将"十六字心传"看成为"为君之法"，认为明道必精心，安民必一意，这显然也是受了伪孔安国传的影响。他说："民心惟甚危险，道心惟甚幽微。危则难安，微则难明，汝当精心，惟当一意，信执其中正之道，乃得人安而道明耳。"[①]"居位则治民，治民必须明道，故戒之以'人心惟危，道心惟微'。道者经也，物所从之路也。因言'人心'，遂云'道心'。人心惟万虑之主，道心为众道之本。立君所以安人，人心危则难安。安民必须明道，道心微则难明。将欲明道，必须精心。将欲安民，必须一意。故以戒精心一意。又当信执其中，然后可得明道以安民耳。"[②]

北宋程颐则将人心与私欲，道心与天理联系起来，这直接为朱熹所继承。他说："人心，私欲，故危殆；道心，天理，故精微。灭私欲则天理明矣。"[③]

要理解儒家心法的精义，我们需要正本清源，看看"十六字心传"究竟传自哪里，其本义是什么。

清初阎若璩（璩音qú，1638—1704）在他影响巨大的《古文尚书疏证》中，曾精细论述了"十六字心传"的造伪因缘。他

---

① 阮元.十三经注疏下册.礼记正义.北京：中华书局1981：136.
② 阮元.十三经注疏下册.礼记正义.北京：中华书局1981：136.
③ 《二程集》.北京：中华书局，1981：312.

说："此盖纯袭用《荀子》，而世举未之察也。《荀子·解蔽篇》'昔者，舜之治天下'也云云，'故《道经》曰：人心之危，道心之微，危微之几，唯明君子而后能知之。'此篇前又有'精于道''一于道'之语，遂檃括（yǐn kuò，就原有的文章、著作加以剪裁、改写——笔者注）为四字，复续以《论语》'允执厥中'以成十六字。"①

为使读者清楚先儒千年来对儒家心法的严重误读，笔者已将《荀子·解蔽篇》论"治心之道"部分附在文后，这里只谈其精要。

首先，《荀子》同先秦其他先哲一样，极力推崇三代无为而治的善政，认为它们是内圣外王的典范。《荀子·大略篇》就说："主道，知人；臣道，知事。故舜之治天下，不以事诏而万物成。农精于田而不可以为田师，工贾亦然。"这是说，为君之道，在于了解人；为臣之道，在于精通政事。从前舜治理天下，不用事事发布命令各种事情就自然办成了。农夫对种地很精通却不能因此而做管理农业的官吏，工人和商人也是这样。

《荀子·大略》所述风格简约，《荀子·解蔽》则不同，他详细论述了舜是如何达到"不以事诏而万物成"的，文中写道：

> 昔者舜之治天下也，不以事诏而万物成。处一危之，其荣满侧；养一之微，荣矣而未知。故《道经》曰："人心之危，道心之微。"危微之几，惟明君子而后能知之。

---

① 阎若璩.尚书古文疏证.上海：上海古籍出版社，1987：244–245.

很明显，这里的"人心""道心"不是二元对立的关系，"危"不是凶险之意，否则何来"其荣满侧"。

何谓"危"和"微"呢？据上下文，历代注家并没有大多歧异。比如唐代杨倞注云：

> 一，谓心一也。'危之'当为'之危'。危，谓不自安，戒惧之谓也。侧，谓迫侧，亦充满之义。微，精妙也。处心之危，言能戒惧，兢兢业业，终使之安也。养心之微，谓养其未萌，不使异端乱之也。处心之危有形，故其荣满侧可知也。养心之微无形，故虽荣而未知。言舜之为治，养其未萌也。

参考《荀子·解蔽》"治心之道"，杨倞"微"注为"未萌"似乎有失准确。荀子文中进一步论述了"危微之几"，他以事例说明，人为的勉强、克制、戒惧都没有达到自在无为的"微"的圣境，仁圣的境界是恭谨且和乐的。他说：

> 夫微者，至人也。至人也，何强？何忍？何危？故浊明外景，清明内景。圣人纵其欲，兼其情，而制焉者理矣。夫何强？何忍？何危？故仁者之行道也，无为也；圣人之行道也，无强也。仁者之思也，恭；圣人之思也，乐。

综上所述，"人心惟危，道心惟微"的本义不是人心私欲危险，道心天理精微，而是说我们修心戒惧自省，成就大道精妙无为。

笔者查遍群籍，发现自《古文尚书》问世一千七百年来，唯清代大学者阮元明确指出解读《道经》"人心之危，道心之微"，当内证于《荀子》，不可从《古文尚书》。至于"人心惟危，道心惟微"本义，他则置而不论。阮氏的注被收入清末王先谦的《荀子集解》中，如下：

> 此篇言知道者皆当专心壹志，虚静而清明，不为欲蔽，故曰"昔者，舜之治天下也"云云。案后人在《尚书》内解此者姑弗论，今但就《荀子》言《荀子》，其意则曰：舜身行人事而处以专壹，且时加以戒惧之心，所谓危之也。惟其危之，所以满侧皆获安荣，此人所知也。舜心见道而养以专壹，在于几微，其心安荣，则他人未知。如此解之，则引《道经》及"明君子"二句与前后各节皆相通矣。杨注谓"危之当作之危"，非也。危之者，惧蔽於欲而虑危也；之危者，已蔽於欲而陷危也。谓荣为安荣者，《儒效篇》曰："为君子则常安荣矣，为小人则常危辱矣。凡人莫不欲安荣而恶危辱。"据此，则《荀子》常以"安荣"与"危辱"相对为言。此篇言"处一危之，其荣满侧"，若不以本书证之，则"危荣"二字难得其解矣。故解《道经》当以此说为正，非所论于古文《尚书》也。①

在儒家独尊的时代，为了"政治正确"，身为封疆大吏的阮元似乎对所谓"儒家心法"不敢置评；但对于21世纪的我们来

---

① 王先谦.荀子集解.北京：中华书局，2013：473.

说，再也不能迷信旧注，以讹传讹了——在学术上不能"为尊者讳"，即使错误涉及宋以来儒家最核心的理念！

百家殊途而同归，若不是学人长期发来割裂诸子（儒家之内的孟、荀两大家亦被割裂），恐怕这一致命误读不会遗害至今！

这，是最值得今人反思……

附：《荀子·解蔽》论"治心之道"部分原文及译文

中国文化内圣外王的宗旨，诸子百家多有论述。与《伪古文尚书》及《荀子》相似，黄老经典《管子》中所言亦极为精当，足可与《荀子·解蔽篇》相参。《管子·法法第十六》说："政者，正也。正也者，所以正定万物之命也。是故圣人精德立中以生正，明正以治国。故正者，所以止过而逮不及也。过与不及也，皆非正也。非正，则伤国一也。"

"人心惟危，道心惟微，惟精惟一，允执厥中"——重要如此！以下是《荀子·解蔽》论"治心之道"部分原文及译文。

［原文］

心者，形之君也，而神明之主也；出令而无所受令；自禁也，自使也；自夺也，自取也；自行也，自止也。故口可劫而使墨（通"默"——笔者注）云，形可劫而使诎申，心不可劫而使易意，是之则受，非之则辞。故曰：心容，其择也无禁，必自见；其物也杂博，其情之至也不贰。《诗》云："采采卷耳，不盈顷筐。嗟我怀人，寘（通"置"——笔者注）彼周行。"顷筐易满也，卷耳易得也，然而不可以贰周行。故曰：心枝则无知，倾则不精，贰则疑惑。以赞稽之，万物可兼知也。身尽其故，则美。类不可两也，故知者择一而壹焉。

[译文]

心，是身体的统帅，是精神智慧的主宰；它发号施令而不从什么地方接受命令。它自己限制自己，自己驱使自己；它自己决定抛弃什么，自己决定接受什么；它自己行动，自己停止。所以，嘴巴可以强迫它沉默或说话，身体可以强迫它弯屈或伸直，心不可以强制着改变意志，它认为什么对就接受，认为什么错就拒绝。所以说：心的选择是不受限制的，一定根据自己的见解；它认识的事物虽然繁杂而广泛，精诚时却不会三心二意。《诗》云："采呀采呀采卷耳，老装不满斜浅浅的筐。我怀念心上人，把筐放在大路上。"浅筐容易装满，卷耳容易采到，但不可以三心二意地待在大路上。所以说：思想分散就不会有知识，思想偏颇就不会精当，思想不专一就会疑惑。如果拿专心一致的态度考察万物，那么万物就可以全部被认识了。亲自透彻地了解万事万物的所以然，就完美了。所以认识事物不能三心二意，明智的人选择一种事物并专心于它。

[原文]

农精于田而不可以为田师，贾精于市而不可以为市师，工精于器而不可以为器师。有人也，不能此三技而可使治三官。曰：精于道者也，精于物者也。精于物者以物物，精于道者兼物物。故君子壹于道而以赞稽物。壹于道则正，以赞稽物则察。以正志行察论，则万物官矣。

[译文]

农民精于种田，却不能做管理农业的官吏；商人精于买卖，却不能做管理市场的官吏；工人精于制造器物，却不能做管理器具制造的官吏。有些人，不会这三种技术，反而可以让他们来管理这三个部门。所以说：有精于道的人，有精于具体事物的人。精于具体事物的人只能支配某种具体事物，精于道的人则能够全面处理各种事物。所以君子专心于道而用它来帮助自己考察万物。专心于道就能正确无误，用它来帮助自己考察万物就能看得非常清楚；用中正的心志去考察各种言论，就能管理万物了。

[原文]

昔者舜之治天下也，不以事诏而万物成。处一危之，其荣满侧；养一之微，荣矣而未知。故《道经》曰："人心之危，道心之微。"危微之几，惟明君子而后能知之。故人心譬如槃水，正错（通"措"——笔者注）而勿动，则湛浊在下，而清明在上，则足以见须眉而察理矣。微风过之，湛浊动乎下，清明乱于上，则不可以得大形之正也。心亦如是矣。故导之以理，养之以清，物莫之倾，则足以定是非、决嫌疑矣。小物引之，则其正外易，其心内倾，则不足以决庶理矣。故好书者众矣，而仓颉独传者，壹也；好稼者众矣，而后稷独传者，壹也；好乐者众矣，而夔（音kuí——笔者注）独传者，壹也；好义者众矣，而舜独传者，壹也。倕作弓，浮游作矢，而羿精于射；奚仲作车，乘杜作乘马，而造父精于御。自古及今，未尝有两而能精者也。曾子曰："是其庭（通"莛"——笔者注）可以搏鼠，恶能与我歌矣？"

[译文]

从前舜治理天下，不用事事发布命令各种事情自然办成。我们治心，专心于道，戒惧自省，安荣就会时时都在身边；涵养大道，达到精妙无为的境界，就会安荣而不显示出来。所以《道

经》说："我们修心戒惧自省，成就大道精妙无为。"这戒惧与
精妙的区分，只有明智的君子才能了解它。人的思想就像盘中的
水，端正地放着而不去搅动，沉淀污浊的渣滓就在下面，清澈透
明的水就在上面，这就能够用来照见胡须眉毛看清楚皮肤的纹理
了。如果微风从上面吹过，渣滓就会在下面泛起，清澈透明的水
就会被搅乱，就不能靠它获得完整的映像了。思想也像这样。如
果用正确的道理来引导它，用高洁的品德来涵养它，外物就不能
使它倾斜不正，就能够用来判定是非、决断嫌疑。如果有小事牵
制了他，那么对外部的正解认识会发生变化，思想也会发生偏
颇，就不能够用来决断各种事理了。古代爱好文字的人很多，只
有仓颉一个人的名声流传了下来，这是因为他用心专一啊；喜欢
种庄稼的人很多，但只有后稷一个人的名声流传了下来，是因为
他用心专一啊；爱好音乐的人很多，但只有夔一个人的名声流传
了下来，是因为他用心专一啊；爱好道义的人很多，只有舜一个
人的名声流传了下来，这是因为他用心专一啊。倕制造了弓，浮
游创造了箭，而羿善于射箭；奚仲制造了车，乘杜发明了用四匹
马拉车，造父精通驾车。从古到今，还从来没有过一心两用而能
专精的人。曾子说："唱歌的时候看着打节拍的棍棒，心想可以
用它来打老鼠，这类人怎能和我一起唱歌呢？"

[原文]

　　空石之中有人焉，其名曰觙（jí）。其为人也，善射（射覆，
古代游戏，将物件预为隐藏，供人猜度——笔者注）以好思。
耳目之欲接，则败其思；蚊虻之声闻，则挫其精。是以辟（通
"避"——笔者注）耳目之欲，而远蚊虻之声，闲居静思，则通。
思仁若是，可谓微乎？孟子恶败而出妻，可谓能自强矣。有子恶

卧而焫掌，可谓能自忍矣，未及好也。辟耳目之欲，可谓能自强矣，未及思也。蚊虻之声闻则挫其精，可谓危矣，未可谓微也。夫微者，至人也。至人也，何强？何忍？何危？故浊明外景，清明内景。圣人纵其欲，兼其情，而制焉者理矣。夫何强？何忍？何危？故仁者之行道也，无为也；圣人之行道也，无强也。仁者之思也，恭；圣人之思也，乐。此治心之道也。

[译文]

空石这个地方有个叫觙的人，他生性善于猜测而喜欢思考。但耳朵一听到声音，眼睛一看到美色，就会干扰他的思考；蚊虻的声音一传到他耳朵里，就会妨害他聚精会神。因此他避开耳朵、眼睛所向往的音乐、美色，并远离蚊虻的声音，独自静静地思考，于是他的思路就畅通了。如果思考仁德也像这样，可以说达到精妙境界了吗？孟子怕败坏了自己的仁德而把妻子休出家门，这可以说能够自己勉力向上了，但还没有能达到思考仁德的地步。有子怕打瞌睡用火烧灼手掌，这可以说能够自我克制了，但还没有能达到爱好仁德的地步。觙避开耳朵、眼睛所向往的音乐、美色，远离蚊虻的声音，可以说是自我戒惧了，但还未可以说达到了精妙无为的境界。那达到了精妙无为境界的人，就是至人。既然至人，还要什么勉强？还要什么克制？还要什么戒惧？所以一般浅尝大道的人只在外表表现出来，得道的人才能在心灵深处散发光芒。圣人顺从人的欲望，尽有人的情感，但他处理一切事情都合理。那还要什么勉强？还要什么克制？还要什么戒惧？所以仁者行道，不先物而为；圣人行道，没有什么勉强的。仁者的思虑恭敬慎重；圣人的思虑轻松愉快。以上就是治心的大略方法。

附：付金财关于《"人心惟危，道心惟微"本义考》一文致玉忠先生书

大作已阅，极好极好。去年读《荀子》有关心法的几篇文章，就有两个困惑。一是《荀子》中的"昔者舜之治天下也，不以事诏而万物成。处一危之，其荣满侧；养一之微，荣矣而未知。故《道经》曰：'人心之危，道心之微。'危微之几，惟明君子而后能知之"。这段话和朱熹标榜的十六字心传的关系和解释不同。二是荀子有关内修心法的几篇文章的现代解读。大作把我的问题基本解决，多谢多谢。老弟的研究是真正去伪存真，是真正的创造性转化，功德无量，功德无量。那些斤斤于名利而做学问的人、那些规规于西学范畴而做学问的人，与老弟相较，岂不羞愧。张江陵、曾文正称此辈为豚犬，丝毫不冤枉他们。有几点想法与你交流。

第一点是关于论文的，从字义的角度、修证次第［修证方法（危）、证得微的智慧（微）、无为而无不为］认识"人心之危，道心之微""人心惟危，道心惟微"的含义，你看看是否有意义。

"人心之危，道心之微""人心惟危，道心惟微"。前者指的是内修的方法，后者指的是内修的境界和功德。正如老弟所说，朱熹的理解存在误读。本来说的是内修的方法和境界功德，毫无人心和道心相对立的含义。

我查了一下《汉语大字典》（八卷本），简单了解了一下前贤关于"危"和"微"的解释。

危：先贤用"戒慎""惧"诠释危。《后汉书·显宗孝明帝纪赞》："显宗丕承，业业兢兢，危心恭德，政察奸胜。"李贤注：

"危心，言常危惧。"杨倞："危，谓不自安，戒惧之谓也。"

戒：《广韵·怪韵》："戒，慎也。"《字汇·戈部》："戒，斋戒也。"

惧：《易经·系词下》："惧以始终，其要无咎。"《说文》："慎，谨也。"《尔雅释诂上》："慎，静也。"

谨：《说文》："谨，慎也。"《玉篇·言部》："谨，敬也。"

敬：《说文苟补》："敬，肃也。"《玉篇·苟部》："敬，慎也。"

肃：《说文》："肃，持事振敬也。从聿在渊（去掉水字）上，战战兢兢也。"《玉篇·聿部》："肃，敬也。"

先贤用以解释"危"的词汇多从言从心，强调人对自己日常思想和行为的清醒觉察，强调日常修为，而不是说人心有多么险恶。从这方面来说，朱熹对"人心惟危"明显误读。老弟指出了朱熹的这个误读，对于研究儒家心法太重要了。

微：先贤多用精、善、妙加以诠释。杨倞："微者，精妙之谓也。"

精：《广韵·清韵》："精，正也。"《国语·周语下》："拔出其心，精也。"《广韵清韵》："精，善也，好也。"

妙：《正字通·女部》：妙，精微也。《老子·第一章》王弼注："妙者，微之极也。"《广雅·释诂一》："妙，好也。妙与渺通，有远义。"《韩非子·难言》："闳大广博，妙远不测。"

第二点是关于汉字在日常意义和内业意义等不同语境中的差异。

从先贤用以解释"微"的词汇之义来看，"微"本来是一个中性词，没有社会道德和空间的含义。而用以解释"微"的词则将其社会道德和空间含义发掘出来，使学人更具体形象地理解。

比如正、善、好，明显有社会道德意义的。尤其是"妙"的通假字"眇"，又将"微"的空间含义显现出来，当然这个空间不是物理世界的空间，而是内在的心灵空间，是经过内在心性修炼的一种感受和境界。舜达到了"微"的境界，证得大智慧，故成为圣人，"夫微者，至人也。至人也，何强？何忍？何危？"圣人造福众生是无为而无不为的，不需要强、忍和危，"昔者舜之治天下也，不以事诏而万物成。"

所以，仅从文字来看，"人心之危"，强调日常修为的重要。"道心之微"，强调日常修为的境界和功德，通过在日常生活中以"危"的方法修炼心性，进而证得"微"的大智慧大境界，在这种大智慧的引导下自在地奉献社会，造福众生。

还有一点感受想与老弟沟通，那就是汉字，尤其是上面所引用的这些汉字在运用时，在日常用语和内证修炼的不同语境中其含义差异极大。这种极大指同样一个字在用于描述日常社会生活和感受时，意思好理解。而在用于描述内业修证时，其意思就很难理解，需要有严谨的字学素养和内修的经验，不然很难将其在内修中的含义理解和阐述清楚。比如"危"字，危险的含义大家就容易理解。在内修意义上戒、惧、慎、肃等含义就不容易理解。同样，"微"字也是这样，要把"微"理解为小细，人们容易理解，而其精妙之意，正、善、好、远就不容易理解。所以也难为朱熹等往圣了。

二、翟玉忠：现代人更要敬畏圣贤之言

作者按：先秦经典是圣贤思想和实践的凝练，是中华优秀传统文化核心和初心，我们当以敬畏之心待之。当下学界却存在着以各种形式侮圣人之言的现象，或者表现为以西学歪曲经典，无原则无底线地与西学接轨，或者株守一经一注，割裂经典与时代的关系，割裂百家之间的相互影响。尤其是以西学歪曲经典，企图为西学在中华文化中找到经典根据，本质上是拿经典装点西学。

本文写作过程中，以邮件形式和付老师进行了交流，特将邮件附于本文之末。

笔者有个顽固的习气：爱逛书店。

即使在海外，也要去汉文书店走一遭，搞得当地朋友到处去问警察——这个习气恐怕难以改掉了。

逛书店，除了博览群书、购买研修所需的书籍，重要的是了解当代人的思想、学术动态——我想后者更为重要。因为书一般都可以在网上买到，一些书实在买不到，在北京坐上地铁四号线，去国家图书馆复印下来即可。

若说逛书店有什么刻骨铭心的感受，就是现代人，特别是现代学人太傲慢——无所敬畏，尤其不知敬畏圣人之言！

有一次去北京琉璃厂中国书店，发现台湾一位知名学者出版的《儒门修证法要》，里面一会儿论儒，一会儿论佛，一会儿论道。言之凿凿，大师气派，却又云山雾罩，让人不得要领，我不禁想写这篇文章了。目的是告诉大家：现代人更要敬畏包括《六经》及诸子百家在内的经典、圣贤之言。

《荀子·劝学第一》论学习的方法与目的终始时，要求学习科目要从读经开始，以《礼》经结束，学习的目的是成圣成贤。他说："学恶乎始？恶乎终？曰：其数则始乎诵经，终乎读《礼》；其义则始乎为士，终乎为圣人。"

1.究竟何谓"三畏"

"畏圣人之言"，语出《论语·季氏篇第十六》，上面引孔子的话说："君子有三畏：畏天命，畏大人，畏圣人之言；小人不知天命而不畏也，狎大人，侮圣人之言。"

如所有语录体文本常常具有的负面效应一样，一句简单的话，却常常被诸多人误解。特别是对于"大人"的解释，最容易出偏差。文中"大人"并不主要指地位高贵的人，而主要是指有道德成就和智慧成就的"大人""成人"。①

比如杨伯峻先生（1909—1992）的《论语译注》中，尽管提到先秦对有道德的人也叫"大人"，但依旧将之解释为"在高

---

① 参阅翟玉忠《性命之学：儒门心法新四书阐微》，中央编译出版社2014年版，第120–125页。

位的人""王公大人"。他说："古代对于在高位的人叫'大人'，如《易·乾卦》'利见大人'，《礼记·礼运》'大人世及以为礼'，《孟子·尽心下》'说大人，则藐之'。对于有道德的人也可以叫'大人'，如《孟子·告子上》'从其大体为大人'。这里的'大人'是指在高位的人，而'圣人'则是指有道德的人。"①

因此，杨先生将整段话解释为："君子害怕的有三件事：怕天命，怕王公大人，怕圣人的言语。小人不懂得天命，因而不怕它；轻视王公大人，轻侮圣人的言语。"②

中国古典政治的基本特点是"贤能共治"，所以"大人"自然包括政治地位高与道德修为高两重含义。不过联系前后文，我们就能看出，"畏大人"没有后世所谓的"是官当敬"之意。这里孔子是从敬畏的层面讲穷理、尽性，以至于命的道理，是有其次第的——"畏圣人之言"，并敬畏圣学，是穷理的基础；"畏大人"，以道德成就的人为榜样去修习，是尽性的基础；"畏天命"是知天命，顺天命，通达无碍，"至于命"的基础。③

综上所述，这段话更合理的解释是："君子所敬畏的有三件事：敬畏天命，敬畏道德智慧上成就的人，敬畏圣人的学说言语；小人不懂得天道天命，因而不知敬畏它，轻视道德智慧上成就的人，轻蔑侮辱圣人的学说言语。"从闻道到修道，再到证道，从畏圣人之言到畏大人，再到畏天命，不难看出，"畏圣人之言"是一个人修学的起点，其重要性怎么强调都不过分。

---

① 杨伯峻.论语译注.北京：中华书局，1980：187.
② 杨伯峻.论语译注.北京：中华书局，1980：187.
③ 翟玉忠.性命之学：儒门心法新四书阐微.北京：中央编译出版社，2014：215-220.

2.警惕国学专家"举着红旗反红旗"

随着20世纪90年代国学热的兴起，以及这几年政府的大力提倡，直接轻蔑侮辱"圣人之言"的现象变少了。目前普遍的状况是那些所谓的国学专家"举着红旗反红旗"。他们以"圣人之言"为获取名利的工具，处处有心得、时时在发现，恨不得马上成通天教主，明天就万古流芳——至于"圣人之言"的本义以及圣贤之道的修证，就不是这些人所关心的了。

具体到当前学术界，"侮圣人之言"主要包括两种表面上相反的趋势：

一是将中国学术西学化，无原则地国际化，这是目前大学国学研究的主流。有容乃大，自一百多年前西学东渐，我们学习西方本来不是什么坏事——西学不仅为我们打开了研究世界的新视野，也为我们提供了学术研究的新方法。

但这种方法的应用一定要有限度，因为中西文化、中西学术本质不同。中国学术重实践、重以象尽意，而西方学术重理论，重抽象概念；中国学术以得大智慧、成圣成贤为目的，而西方学术重获取知识，以知识技能见长。从整体上说，西方学术只到了知识这个层面，而中国学术已经到了守经达权、应变无方的智慧层面——如果我们将中国圣贤之学等同于西方哲学、思想、文化，简直是买椟还珠式的愚昧。

最可怕的现实是：国学专家剥离了中国文化内圣外王的内核，将国人安身立命的基础，鲜活的中国文化变成了枯燥干瘪的文化标本，并用书法、京剧脸谱以及西化的中医装饰一新，要将它推向全世界——真是造孽！

"侮圣人之言"的第二种趋势是研究中国文化狭隘地株守一隅（抓住一个学派、一本书、一句话不放），不知诸子百家皆圣贤之学，不能会通百家，甚者还以反对西学为能事。他们表面上高唱圣贤之道，实际上败坏圣贤之道，这在大陆的"新儒家"中表现得最为明显。

中国文化与西方文化起源不同。中国文化出于王官，各家是相须为用的。直到春秋时代，人们还将诗、时（历法）、春秋、行（道路）、易卜称为"官技""君柄"，懂得这些技艺的人亦由国家供养。

《管子·山权数第七十五》引管子言曰：

> 诗者所以记物也，时者所以记岁也，春秋者所以记成败也，行者道民之利害也，易者所以守凶吉成败也，卜者卜凶吉利害也。民之能此者皆一马之田，一金之衣。

民众中懂诗的可用来记述社会事物，懂时历的可用来记述年景丰歉，懂春秋的可用来记述国事的成败，懂出行的可指导行路的顺逆，懂易的可用来掌握吉凶与成败，懂卜的可以预测凶吉与利害。百姓中凡有上述技艺者，国家都赐给一匹马所能耕种的土地，一斤金所能买到的衣服。

政府作为一个整体，下属部门诸王官专司一职。诸子出于诸王官，诸子百家自然是相辅相承的——我们治国、平天下，不懂《管子》不行，因为那里边细致讲了如何管理经济，如何一平天下，光研究儒家，治国、平天下极易成为一句空话；再比如我们研究名家，不研究墨家几乎不行，因为后来的名家祖述《墨子》

中名学专论《墨经》，名家有些论题，不通过《墨经》根本不可能理解；再比如法家，他的思想基础是道家，不研究道家，读懂法家是相当困难的。

现在诸多所谓的"国学专家"不管这些。他们喜欢株守一家，师心自用。乃至穷诸玄辩，大搞什么政治儒学、儒家经济学、公民宗教……花样百出，令人目不暇接。

因为这些"新儒家"不存在思想内核，所以他们的学术观点大多是披上了儒家外衣的西学，常常越是激烈反西方的"新儒家"越会显示这个特点——在西方文化的强势之下，这种现象的出现似乎也有其必然性。

这些人满嘴都是圣贤之言，"上至三皇五帝，下至计划生育"，无所不言，就是不言内圣外王，一以贯之的大道。《管子·戒第二十六》云："博学而不自反，必有邪。"博学而不会反省，一定产生邪恶——真的是这样啊，笔者十几年来看到这样的人太多了！

以前面提到的《儒门修证法要》一书为例。它讲修行，讲得人头晕目眩，就是不讲儒家经典中由人道向天道修行的路线——从《大学》中抓到几句话，"知止而后有定，定而后能静，静而后能安，安而后能虑，虑而后能得"，就开始胡说八道，好像自己已经达到"六经注我"的境界……

明明《大学》对其首章有细微阐发，但在那位台湾"半仙"大师眼里这近乎变得不值一提。自己说得痛快就好，就是大学问——其"侮圣人之言"如此！

中国文化的一个重要特色就是"言以载道"。所以，我们无论是读书，还是写作，都要"畏圣人之言"，不能拿着圣人之言，卖自己的狗皮膏药。否则，可真成了清代大儒颜元所说的："率古今之文字，食天下之神智。"

曹魏大臣桓范（？—公元249年）在其《世要论》中，专门讨论了学人写作的原则。千百年后，我们读来仍倍感亲切。兹从《群书治要》中摘录下来，供有志于学的诸君共勉：

> 夫著作书论（书与论——笔者注）者，乃欲阐弘大道，述明圣教，推演事义，尽极情类，记是贬非，以为法式。当时可行，后世可修。且古者富贵而名贱废灭，不可胜记，唯篇（疑为"笃"——笔者注）论俶傥之人，为不朽耳。夫奋名于百代之前，而流誉于千载之后，以其览之者益，闻之者有觉故也。岂徒转相放效，名作书论，浮辞谈说而无损益哉？而世俗之人，不解作体，而务泛溢之言，不存有益之义，非也。故作者不尚其辞丽，而贵其存道也；不好其巧慧，而恶其伤义也。故夫小辩破道，狂简之徒，斐然成文，皆圣人之所疾矣。

撰述书论的目的，在于阐扬光大圣贤大道，说明圣贤教化的道理，推演事情背后的义理，尽力抒发情感，记述真理，针砭错误，以此作为标准和法度，不仅可以在当时施行，也可让后世修习。自古以来富贵之人其名字早已经消亡的，不能逐一记述。唯独留下著作的潇洒风流之士能够不朽。他们的声名振起于百代之前，而声誉却流传到千年之后，是由于其文章让看到的人受益，听到的人觉悟的原因啊！怎么能够把那些凭空转相仿效、充满浮夸的言辞和议论、于世无益无损的文章称作书论呢？可是，世俗的人，不懂什么叫做写作，只追求空泛溢美的言语，没有有益于人的义理，这是错误的。因此，写作的人不应崇尚言辞的华丽，贵在能够阐述道义而已，不应称道其聪明巧饰，而应厌恶其损害道义。因此，辩说琐碎的小事破坏大道，志大才疏者写作华丽的长篇大论，这些都是圣人所厌恶的。

3.圣人之言是我们必须学习的首要知识

这是一个信息高度泛滥、知识高度碎片化的时代。信息技术的发展一方面使知识的传播变得迅捷，又使资本和权力对信息的控制变得简单。天天面对海量的信息，现代人最重要的一项生存技能就是区分什么知识是主要的，什么知识是次要的，什么是信息垃圾——否则，沉湎于大众娱乐化的信息垃圾中，"拥抱愚蠢"会成为我们生活的病态和常态。①

要知道，信息泛滥并不是什么新事物，战国先哲已经发现了这个问题。逍遥的庄子曾感叹有限的生命无法去穷尽浩瀚的智识："吾生也有涯，而知也无涯。以有涯随无涯，殆已！"(《庄子·内篇·养生主第三》)

战国大儒荀子说过类似的话："以知，人之性也；可以知，物之理也。以可以知人之性，求可以知物之理，而无所疑止之，则没世穷年不能遍也。其所以贯理焉虽亿万，已不足以浃万物之变，与愚者若一。"《荀子·解蔽篇》这段话的意思是说：能够认识事物是人的本性，可以被认识是事物的规律。凭借可以认识事

① 参阅《港刊："拥抱愚蠢"已成无坚不摧的社会潮流》一文，中国新闻网2015年04月14日，网址：http://www.chinanews.com/hb/2015/04-14/7206942.shtml，访问时间：2015年04月16日。

物的本性去探求可以被认识的规律，如果对此没有一定的限制，那么过完一辈子、享尽天年也不能遍及可以认识的事物。人们学习贯通事理的方法即使有成亿上万条，但如果最终不能够用它们来通晓万事万物的变化，就和蠢人一样！

在先贤看来，西方专业化、碎片化的知识体系本质上是愚蠢的——在这样一个"每天大量生产愚蠢"（台湾诗人余光中语）的大众娱乐化时代，这值得我们三思！

如何解决人之知与物之理间的矛盾呢？就是知止，依止于圣贤之道，守经而达权，无论内圣（道德修为）和外王（社会治理）两个方面都是这样。

荀子接着写道："故学也者，固学止之也。恶乎止之？曰：止诸至足。曷谓至足？曰：圣也。圣也者，尽伦者也；王也者，尽制者也。两尽者，足以为天下极矣。故学者以圣王为师，案以圣王之制为法，法其法以求其统类，以务象效其人。"学习要有所依止。把自己的学习范围依止在哪里呢？把它限制在最圆满的境界。什么叫做最圆满的境界？就是通晓圣王之道——圣人，就是完全精通事理的人；王者，是彻底精通制度的人。这两个方面都精通的人，就可以成为天下师表了。所以学习，要把圣王当作老师，要把圣王的制度当作自己的法度，效法圣王的法度而探求他们的要点，并努力效法他们的为人。

在物质高度繁荣、知识大爆炸的今天，我们更要像战国先贤那样：知止，老老实实地依止于圣贤之道，圣人之言。这是我们安身（心）立命，得大智慧、大安乐的根本，是我们必须学习的首要知识。

两千多年前，面对西周礼乐社会的崩溃，伟大的孔子告诉世人："君子有三畏：畏天命，畏大人，畏圣人之言。"今天，面对资本主义世界体系的失序与无望，我们更要知所敬畏，有所敬畏。这里边，首先要"畏圣人之言"！

诸君谨记！

附：付金财读《现代人更要敬畏圣贤之言》致翟玉忠先生书

玉忠你好，邮件收到，下面是我对君大作的一些浅识，望你指正。

孔子说："君子有三畏：畏天命，畏大人，畏圣人之言；小人不知天命而不畏也，狎大人，侮圣人之言。"

这里孔子强调的是君子的三种敬畏。其实普通人也有畏惧，且普通人的畏惧更多。普通人的畏惧相当于楚简《性自命出》中所言"好恶，性也"的恶。并且普通人的畏惧，君子也有，例如《大戴礼记·曾子立事第四十九》说："君子见利思辱，见恶思诟，嗜欲思耻。"《中庸》中说："知耻近乎勇。"《荀子·性恶》提出人对饥、寒、劳的厌恶。所以人畏惧的对象极多。

释迦摩尼对人性深有体会，尤其是对存在之苦的体会。何谓存在之苦？指和生命存在伴生的苦恼。政治清明、经济繁荣、分配公平、理性消费，只能减少一部分苦的产生，但不能消除存在之苦。下面是佛教大小乘关于畏惧的论述，只是佛教经典将畏惧和厌恶称为恐怖。

如是我闻。一时佛住舍卫国祇树给孤独园。尔时世尊告诸比丘："有四力。何等为四？谓觉力、精进力、无罪力、摄力，如上说。若比丘成就此四力者，得离五恐怖。何等为五？谓不活恐怖、恶名恐怖、众中恐怖、死恐怖、恶趣恐怖，是名五恐怖。"佛说此经已，诸比丘闻佛所说，欢喜奉行。(《杂阿含经》卷二十六)

善男子！我修行此大悲行门，愿常救护一切众生；愿一切众生，离险道怖，离热恼怖，离迷惑怖，离系缚怖，离杀害怖，离贫穷怖，离不活怖，离恶名怖，离于死怖，离大众怖，离恶趣怖，离黑暗怖，离迁移怖，离爱别怖，离怨会怖，离逼迫身怖，离逼迫心怖，离忧悲怖。(《大方广佛华严经》卷六十八)

所以，孔子说君子有三畏，应该是在某种特殊场合的论述，不是说君子只有这三种敬畏或畏惧，应该说至少有这三种敬畏。这三种敬畏是人向上的动力。因为有的畏惧积极作用小，消极作用大。孔子主要强调君子应该具有能使人向上的三种敬畏。

首先看畏天命，

天地之大德曰生。——《周易·系词下》

日新之谓盛德。——《周易·系词上》

天命之谓性。——《中庸》

子曰："天何言哉？四时行焉，百物生焉，天何言哉？"——《论语·阳货》

综合上面所引资料，天命指的是天地宇宙涵化生育、滋养万物的功能。天地生化万物的方式多种多样，比如沙尘暴虽然带来风沙，让人感觉到环境的险恶，但正是风沙造就了广袤的平原沃野。正因如此，孔子主张不要怨天。人可以发挥主动性，努力形成适合自己的生存环境。《易·贲卦·彖传》："刚柔交错，天文也。文明以止，人文也。观乎天文，以察时变。观乎人文，以化成天下。"文明的前提是刚柔交错，我们不能要求夏天不热，冬天不冷，但夏天我们可以用扇子、空调，冬天可以用棉衣、空调来保温。如果没有四季交错，便不会有万物生发，人便失去了赖以生活的资源。想一想当代不少人以抱怨环境污染和雾霾为话题，岂不知雾霾的加剧恰恰是因为消费主义的生活方式，正可谓"小人不知天命而不畏也"。

其次关于畏大人。

夫大人者，与天地合其德，与日月合其明，与四时合其序。与鬼神合其吉凶，先天而天弗违，后天而奉天时。天且弗违，而况于人乎？况于鬼神乎？——《周易·文言》

孟子曰："大人者，言不必信，行不必果，惟义所在。"孟子曰："大人者，不失其赤子之心者也。"——《孟子·离娄下》

孟子曰："有事君人者，事是君则为容悦者也；有安社稷臣者，以安社稷为悦者也；有天民者，达可行于天下而后行之者也；有大人者，正己而物正者也。"——《孟子·尽心上》

孟子曰：说大人，则藐之，勿视其巍巍然。堂高数仞，榱题数尺，我得志，弗为也。食前方丈，侍妾数百人，我得志，弗为也。般乐饮酒，驱骋田猎，后车千乘，我得志，弗为也。在彼者，皆我所不为也；在我者，皆古之制也。吾何

畏彼哉？"——《孟子·尽心下》

从《周易》《孟子》两书中关于大人的言论来看，大人的主要含义符合你所说的有道德成就和智慧成就的"大人""成人"。不过若按照这个意思诠释孔子所说大人之意，那么大人和后面圣人的内涵与外延基本重合。既然基本重合，孔子就不需要说"畏天命、畏大人、畏圣人之言"的三畏，而改为"畏天命，畏圣人之言"或"畏天命，畏大人之言"等二畏则更加简洁。

纵观《论语》一书，孔子在两处提到管仲并作出不同的评价。

子曰："管仲之器小哉！"或曰："管仲俭乎？"曰："管氏有三归，官事不摄。焉得俭？""然则管仲知礼乎？"曰："邦君树塞门，管氏亦树塞门。邦君为两君之好，有反坫，管氏亦有反坫。管氏而知礼，孰不知礼？"——《论语·八佾》

孔子认为管仲没有宏大的政治抱负和高洁的为臣准则。从《论语·宪问》中可以看出孔子对管仲的评价不同于在《论语·八佾》中的看法。

子曰："晋文公谲而不正，齐桓公正而不谲。"子路曰："桓公杀公子纠，召忽死之，管仲不死。曰：未仁乎？"子曰："管仲九合诸侯，不以兵车，管仲之力也。如其仁，如其仁！"子贡曰："管仲非仁者与？桓公杀公子纠，不能死，又相之。"子曰："管仲相桓公，霸诸侯，一匡天下，民到于

今受其赐。微管仲，吾其披发左衽矣。岂若匹夫匹妇之为谅
也，自经于沟渎，而莫之知也。"——《论语·宪问》

子路议论管仲，认为管仲不仁，孔子对子路的议论进行了
批评指正，认为不应从教条的忠君来评价管仲，而是从管仲对中
国政治和文化的贡献来评价他。子路认为管仲不仁，十分接近于
孔子在《论语·八佾》中对管仲的看法。从孔子对管仲的评价
看，《论语·宪问》中的看法更为客观、理性和成熟。并且《论
语·宪问》对管仲的评价是孔子针对子路认为管仲不仁的看法而
发的。孔子说小人"狎大人，侮圣人之言人"，可见大人和圣人
指的不是一类人，那么大人指哪类人呢？我以为指的是管仲等在
政治等领域做出贡献的人。"狎大人"说的是以不敬畏不尊重的
态度妄加评判在各个领域为做出贡献的先人，更有甚者则是将其
妖魔化。网络上流行的污蔑黄继光、邱少云、草原英雄小姐妹的
段子，包括最近《星光大道》主持人的视频事件更有利于我们认
识"狎大人"的含义。

所以我觉得像杨伯峻先生将大人诠释为"王公大人"确实
不妥，从文字上，君将大人诠释为有道德成就和智慧成就的"大
人""成人"是没有问题的。但是若结合孔子的三畏和《论语》
一书中关于管仲的评价，尤其是《论语·宪问》中孔子对管仲的
议论，显然是针对子路"狎"管仲大人而发的。

上面是我关于君大作的一些看法，望君批评。

附：翟玉忠关于《现代人更要敬畏圣贤之言》答付金财书

谢谢来信。每次向你请教，你不仅认真作答，还帮我校

对——君真是我的良师益友!

为何要向你请教我对孔子"三畏"的理解?是因为心有不安处。这种不安与我对《论语》《道德经》这类大家耳熟能详经典的态度有关。

我不反对任何人读《论语》和《道德经》,只是不赞成学人将这类书作为基础研究文本过度阐发,也不赞成将其在中小学生和普通公众中大力推广,甚至通过"神话"这些书籍加以推广——如在民间读经运动中。

不久前媒体报道说,《论语》《道德经》将成为国内高中传统文化通识教材,更增加了我的担心。

为什么我如此"异类"呢?

我深深感觉到,语录体的《论语》和格言体的《道德经》在形式上具有致命的弱点——它切断了与背景的联系,会导致圣贤本义被严重误读,而注家常常是各说各话。

东晋葛洪早就注意到了格言体五千言《道德经》的这一弱点,感叹五千言虽老子所作,但都只是简略泛泛的言说,其中完全不肯自始至终地讲明事理,提供可以察考的线索。假如只诵读这一经典,而得不到要旨,简直是白白浪费功夫。他说:"五千言虽出老子,然皆泛论较略耳,其中了不肯首尾全举其事,有可承按者也。但暗诵此经,而不得要道,直为徒劳耳。"(《抱朴子内篇·释滞卷》)

举两个例子,我们就能看到这个问题的严重性。

《论语·泰伯》记录了孔子的两句话:"民可使由之,不可使知之。"没头也没尾,成了孔子愚民主义的铁证。直到1993年10月,湖北省荆门市郭店村出土了战国文献《尊德义》,我们才知道孔子这句话的真义：人民可以教育引导，却不能强迫，教育引导要如春风化雨一般，润物无声。文中说："尊仁、亲忠、敬庄、贵礼，行矣而无遗，养心于子谅（子谅，慈爱诚信——笔者注）。忠信日益而不自知也。民可使道之，而不可使知之。民可道也，而不可强也。"[①]

再比如，《道德经》第三章开篇有"不尚贤，使民不争"，好在它有下文，严肃的学者还不至于简单得将老子列入愚民主义。但对于"不尚贤"的本义，却很少有人理解到位。

首先要清楚，《道德经》是写给治国者看的内圣外王大道，是先秦道家治国南面之术。然后我们才能结合其他经典理解这句话的本义。

"不尚贤"针对君主，讲定分止争，社会分层，权责分明的重要性——君主不能自恃贤能，要用贤，"役贤"，进而实现选贤与能这一中国古典政治的基本理念。《管子·侈靡第三十五》中说："祭之（郭沫若先生认为当为"察之"之误，可从；若从"祭"字，亦不影响我们对"不上贤"的理解——笔者注），时上贤者也，故君臣掌。君臣掌则上下均，此以知上贤无益也，其亡兹适。上贤者亡，而役贤者昌。"人君亲自察问细事，是自恃贤能的表现。这样，将导致君臣共管小事的局面。君臣共管则等于地位拉平。可见，君主自恃贤能是没有好处的，足以造成危亡。人君自恃贤能者国亡，而使用贤能者国昌。

想一想，假如学生读了《论语》《道德经》，常常是误解，会造成什么样的后果？《论语》开篇就讲"学而时习之"，问题是

---

① 参阅翟玉忠著. 正名：中国人的逻辑. 北京：中央编译出版社，2013：87–89.

这个"学"字讲道德的修习，不是西式学校里知识学习。可要讲清楚这一点，涉及中国文化的本质，中西学术的根本区别，要下很大功夫才行——谁会做这些事呢？不用说普通公众，就是一般大学学者都很难获得正解，现在宣讲中国文化师资严重不足啊……

问题就这么严重！

所以我主张，大家多读《孔子家语》《管子》这类论说甚详的经典，少读语录体《论语》和格言体的《道德经》。

再回到对"三畏"的理解上来。诚如你信中说的："孔子说君子有三畏，应该是在某种特殊场合的专门论述。"问题是我们很难知道这些话是在什么场合说的。您将《论语·宪问》孔子对管仲的议论与"畏大人"联系起来，推出大人指"管仲等在政治等领域为当时的中国做出贡献的人"，显然也有欠安之处。

我是从心性之学的角度来理解孔子"三畏"的。您显然受佛家的影响，将"畏"字更多的理解成了"惧"，但我觉得更应理解为"敬"字。如南怀瑾先生所说的"这里所谓的畏就是敬"①，这是一种外敬，是达到内静的外在条件。

我意，以佛释儒要特别小心，因为二者的修行路线完全不同。二者互释有好处，但也有极大的理论风险——这是我切切实实的感受；毕竟，当代如南怀瑾先生那样具有很高道德智慧成就，达到"六经注我"境界的人不多！

实际上，即使按我的解释，大人指"道德智慧上成就的人"，也不能说"大人和后面圣人的内涵与外延基本重合。既然基本重

① 《南怀瑾选集》第一卷《论语别裁》.上海：复旦大学出版社，2003：667.

合，孔子就不需要说'畏天命、畏大人、畏圣人之言'的三畏，而改为'畏天命，畏圣人之言'或'畏天命，畏大人之言'等二畏则更加简洁"。按《管子·内业第四十九》中的说法"凡物之精（精气——笔者注），此则为生。下生五谷，上为列星。流于天地之间，谓之鬼神；藏于胸中，谓之圣人"，既然圣人与化育成物的天道（"分于道谓之命"）有相合之处，我们总不能将这句改为"畏大人，畏圣人之言"吧？

事实上圣人与圣人之言是不同的，一如佛教区分佛、法、僧。

总之，圣贤之言难解，尤其是语录体，格言体经典中的圣贤之言更是这样。研究毛泽东思想，人们恐怕不会以《毛主席语录》为基础，还要看《毛泽东选集》之类文献——但在国学中，世人却反其道而行之，并成为潮流，让人无语！

我写作《现代人更要敬畏圣贤之言》，本是有感于现代人忽视返本开新，迷信西方理性，轻辱圣贤之言的普遍现实而发，没想到引出了这么多问题，也花费了你好多精力，讨论一种很难有结果的问题，真是抱歉。

再次感谢你的批评和指正。

三、付金财:《大学》说什么

作者按:2018年5月26日至27日,新法家编辑例会在北京天府龙芽茶空间召开,付金财老师在会议上做《〈大学〉说什么》的主题发言,主要讨论了《大学》三纲的顺序,善、诚的含义问题,主要观点如下:大学三纲的顺序应当是以"止于至善"为起点,通过"亲民",实现"明明德"的目的;"善"不是善良,而是解决问题的能力,通过博学、审问、慎思、明辨、笃行,使自己达到"明强"的水平便是"至善";"诚"也不仅仅是真实无妄,而是发心立志。

瞿玉忠先生做了补充发言,特将玉忠先生的发言附于本文之末。

《大学》是《小戴礼记》的第四十二篇,北宋二程开始重视《大学》,南宋朱熹做《四书章句集注》,《大学》为《四书》之第一书。朱熹以传播儒家文化为己任,师友弟子众多,加以明清以《四书集注》为科举考试的标准,朱熹版《大学》甚为流行,影响至今。中国社科院研究员郭沂认为《大学》一文为子思学派的作品，形成时代在子思和孟子之间，为子思门人所做，^①这基本是符合历史事实。是在对《大学》内容的理解上，郭沂也没有弄清《大学》文本的内容，仍然按照朱熹《四书集注》中对《大学》诠释来阐述。例如郭沂说："所谓'明明德'就是指通过修行，使'明德'显明于心，并同时使性得以呈现于心。"^②这和朱熹对"明明德"的解释没有明显不同，"明德者，人之所得乎天，而虚灵不昧，以具众理而应万事者也。但为气禀所拘，人欲所蔽，则有时而昏；然其本体之明，则有未尝息者。故学者当因其所发而遂明之，以复其初也。"^③

还是翟玉忠老师对《大学》一文的理解更符合子思学派和《大学》本义。翟玉忠老师说："《大学》的三纲实际上分为两大部分，一是讲天道的德，二是讲人道的善。朱熹不知儒家修行次第，受禅宗影响，以为'当自明明德'始，最后到'止于至善'，简直是颠倒因果，竟至误学人八百年。"^④在中国优秀传统文化日益受到重视的今天，正确理解经典，包括儒家经典显得极为重要。尤其是儒家经典因为在历史上不断地被解读，误导后学的不当解读大量存在，翟老师的《性命之学》便是澄清错误认识的一本好书，本文的写作主要是受翟老师的启发。

1."止于至善"为入手，"明明德"为终极

从《大学》文本的行文句式看，翟老师说儒家修行次第在

① 郭沂.郭店楚简与先秦学术.上海：上海教育出版社，2001：469.
② 郭沂.郭店楚简与先秦学术.上海：上海教育出版社，2001：470.
③ 朱熹.四书章句集注.北京：中华书局，1983：3.
④ 翟玉忠.性命之学：儒门心法新四书阐微.北京：中央编译出版社，2014：121.

表达上是天道和人道之间的往复循环，或由天道下行及人道，或者由人道上达及天道。①德为天道，善为人道，《大学》"明明德、亲民、止于至善"三纲的表达是从天道下行及人道，而朱熹则本末倒置，以'明明德'为入手，以'止于至善'为终极。在表达儒家修行次第上，《大学》中的如下论述：

> 知止而后有定，定而后能静，静而后能安，安而后能虑，虑而后能得。
>
> 物格而后知至，知至而后意诚，意诚而后心正，心正而后身修，身修而后家齐，家齐而后国治，国治而后天下平。

上述内容是由小、近的人道上达大、远的天道，用以说明儒家修行次第。

《大学》中如下文字：

> 大学之道在明明德、在亲民、在止于至善。
>
> 古之欲明明德于天下者，先治其国；欲治其国者，先齐其家。欲齐其家者，先修其身。欲修其身者，先正其心。欲正其心者，先诚其意。欲诚其意者，先致其知。致知在格物。

上述内容是从大、远的天道下行及小、近的人道的表达方式来介绍儒家的修行次第。

从"明明德"的本义看，"明明德"的含义是"平天下"。

① 翟玉忠.性命之学：儒门心法新四书阐微.北京：中央编译出版社，2014：208-209.

《大学》文本中说的极为清楚，"古之欲明明德于天下者，先治其国……致知在格物"，这是由天道下行及人道。也就是说"明明德"是儒家修行的最高层次。在这句话之后，《大学》紧接着就按照从人道上行及天道的次第说明儒家的修行方法，"物格而后知至，知至而后意诚，意诚而后心正，心正而后身修，身修而后家齐，家齐而后国治，国治而后天平。"在这段话中儒家修行的最高次第是天下平。根据这两段话来理解，"明明德"的含义就是"天下平"，即平天下。

《大学》把"明明德"的含义做了清晰的说明，只不过朱熹没有会通《大学》前后文来理解"明明德"。东汉郑玄存在与朱熹同样的问题，郑玄以为"明明德"是"显明其至德也"[①]。如果说郑玄没有结合前后文，只是依文解义阐述"明明德"，朱熹对"明明德"的解释受禅宗的影响则更多，他对"明明德"的解释与《坛经》关于体认自性的论述相似："明德者，人之所得乎天，而虚灵不昧，以具众理而应万事者也。但为气禀所拘，人欲所蔽，则有时而昏；然其本体之明，则有未尝息者。故学者当因其所发而遂明之，以复其初也。"

禅宗六祖慧能大师认为智者与愚者的自性没有差别，为什么愚人不能体悟自性，"缘邪见障重。烦恼根深。犹如大云覆盖于日。不得风吹，日光不现。"[②]可见，朱熹对"明明德"的理解受到禅宗的影响。"明明德"的含义是平天下、天下平。实现天下太平，根据《礼记·礼运》的论述：

---

① 阮元.十三经注疏下册.礼记正义.北京：中华书局，1980：1153.
② 明尧、明洁编.禅宗六代祖师传灯法本（修订本）.石家庄：河北禅学研究所印行：172.

大道之行也，天下为公。选贤与能，讲信修睦，故人不独亲其亲，不独子其子，使老有所终，壮有所用，幼有所长，鳏寡孤独废疾者皆有所养，男有分，女有归。货恶其弃于地也，不必藏于己；力恶其不出于身也，不必为己。是故谋闭而不兴，盗窃乱贼而不作，故外户而不闭，是谓大同。今大道既隐，天下为家。各亲其亲，各子其子，货力为己，大人世及以为礼。城郭沟池以为固，礼义以为纪。以正君臣，以笃父子，以睦兄弟，以和夫妇，以设制度，以立田里，以贤勇知，以功为己。故谋用是作，而兵由此起。禹、汤、文、武、成王、周公，由此其选也。此六君子者，未有不谨于礼者也。以著其义，以考其信，著有过，刑仁讲让，示民有常。如有不由此者，在势者去，众以为殃，是谓小康。

文中借孔子的话介绍了理想社会的初级和高级阶段，初级阶段为小康时代，高级阶段是大同时代。由小康至大同才是"明明德"的本来含义，如果朱熹能够将《大学》文本前后相参，将《大学》和《礼运》相参，或许不会受禅宗的影响而错解《大学》"明明德"的含义，将本为终极天道的"明明德"解释成儒家修行的起步，反而将"止于至善"解释为儒家修行的终极目标。

2.什么是"善"

大学之道，在明明德，在亲民，在止于至善。知止而后有定，定而后能静，静而后能安，安而后能虑，虑而后能得。物有本末，事有终始，知所先后，则近道矣。

这段文字前半部分的"明明德、亲民、止于至善"说明从天道下行至人道的修行次第。至"止于至善"后，并未说明何为"善"，而是反过来从具体到抽象层层递进交代修心次第。前半段由抽象到具体，后半段承接前半段的具体的人道"至善"继续上升为抽象的"得"。前半段结束于"止于至善"，后半段起步于"知止"，两部分的转折是"善"。平天下要从"善"入手，个人修行当然要从"善"开始。

儒家主张，君子欲改良政治，必须参政。若要参政，首先要得到诸侯卿相的重视和认同。《中庸》说：

> 在下位不获乎上，民不可得而治矣。获乎上有道，不信乎朋友，不获乎上矣；信乎朋友有道，不顺乎亲，不信乎朋友矣；顺乎亲有道：反诸身不诚，不顺乎亲矣；诚身有道，不明乎善，不诚乎身矣。诚者，天之道也；诚之者，人之道也。诚者，不勉而中，不思而得，从容中道，圣人也。诚之者，择善而固执之者也。博学之，审问之，慎思之，明辨之，笃行之。有弗学，学之弗能弗措也；有弗问，问之弗知弗措也；有弗思，思之弗得弗措也；有弗辨，辨之弗明弗措也；有弗行，行之弗笃弗措也。人一能之，己百之；人十能之，己千之。果能此道矣，虽愚必明，虽柔必强。

这段文字前半部分也是由天道下行层层细化具体到"不明乎善，不诚乎身矣"。圣人具有治国平天下的大智慧，普通人可以通过"择善而固执之"的方式来提高自己的能力而达到圣贤的境界。择善固执的次第是"博学之，审问之，慎思之，明辨之，笃行之"。只要坚持下去，效果是"虽愚必明，虽柔必强"。《中庸》这部分内容作为理解《大学》中"善"之含义的辅助材料。"虽愚必明，虽柔必强。"主要强调的是某种技能或能力的提高。从知止开始，经过定、静、安、虑至得的完成，同样是在强调某种技艺、能力和智慧的提高。

《大学》中又说："为人君止于仁；为人臣止于敬；为人子止于孝；为人父止于慈；与国人交止于信。"《中庸》也重视人的职分，认为君臣、父子、夫妇、兄弟、朋友五种关系是人类的基本关系，处理好这五种关系，就可以治理好国家和天下。所以《大学》中的"善"有两个含义，一是明确自身的社会角色，承担起相应角色的职分。二是个人的具体的技艺、能力和智慧的提高。要治国平天下，就要有为天下的担当，更要有治国平天下的能力，没有担当、能力和智慧，怎能平天下。所以要"止于至善"，即从提高道德自觉和具体的技艺、能力和智慧入手。道德自觉和具体能力的提高需要持续不断地学习。学习不能漫无目的，要围绕自己的目标和领域持续努力，这便是知止的含义，故从"知止"到"得"，和《中庸》的"择善而固执之"。这样《大学》中的"善"之含义也就更加清晰了。

3."诚其意"是立志发心

朱熹对"诚其意"的解释大谬，因为他基本是从道德自觉的角度来理解。而此节内容并非完全讨论道德自觉。"所谓诚其意者：毋自欺也，如恶恶臭，如好好色，此之谓自谦，故君子必慎其独也。"若正心，先诚意，可见心和意的含义不同。《大学》这样说正心，"所谓修身在正其心者，身有所忿懥，则不得其正；有所恐惧，则不得其正；有所好乐，则不得其正；有所忧患，则不得其正。"重点在于克服激烈的情绪情感活动，要人平和。如果只是没有激烈的情绪情感发生，心态平和就是正心，那么跳广场舞的大爷大妈都达到了正心的境界。故正心的前提是诚意。

　　《说文解字》中"意"与"志"二字互训，"意，志也"①，"志，意也"②。《增韵》中说："意，心所向也。"③《黄帝内经·灵枢经·本神》中也讨论了心、意、志，"所以任物（感知客观事物——笔者注）者谓之心，心有所忆谓之意，意之所存谓之志。"④心有所忆的意是总惦记着的东西，如果总惦记着的没有固定的内容，那么意便是烦恼。如果总惦记着的是一件有意义的事情，意便成为志，即"意之所存谓之志"。所有的人都有意，少数人有志。孔子曾经让弟子们"各言尔志"。志为志向，是个人所确立的人生目标，相当于佛教所说的发心发愿。人有治国平天下的远大理想，实现理想仍需从具体的"至于至善""明善"开始。所以"诚其意"就是"止于至善"，明白入手之处而"择善固执"。明确了自己的职分和需要提高的技艺、能力和智慧，就要将这升华为自己的志向，而不是可有可无的想法，所谓有志者立志长，无志者常立志，《老子》中说的"上士见道，勤而行之；中士见道，若存若亡；下士见道，大笑之，不笑不足以为道。"

---

① 《汉语大字典》第四卷.成都：四川辞书出版社，1988：2323.
② 《汉语大字典》第四卷.成都：四川辞书出版社，1988：2269.
③ 《汉语大字典》第四卷.成都：四川辞书出版社，1988：2323.
④ 牛实为.内经生态观.北京：金城出版社，2011：249.

曾子说:"士不可以不弘毅,任重而道远。"若存若亡的中士,大笑之的下士,不弘毅的人其实是自己欺骗自己。

真正"诚其意"的人,确立志向,以志向为人生使命,敬畏自己的志向,为自我提高和完善不断努力。这种敬畏和不断努力类似生理本能,如同喜欢优美的事物,厌恶难闻的气味。这是在用生理现象形容志向、至善与人生合一的状态。

这种"诚其意"达到"不自欺"的状态叫"自谦"。郑玄认为"谦""慊"二字互为通假,受本段中"见君子而后厌然"的影响,认为"慊之言厌也,闭藏貌也"①,即"慊"为闭藏之义。"小人闲居为不善,无所不至,见君子而后厌然,揜其不善,而著其善。"将"厌"解释为闭藏的样子是可以的,小人在人格伟岸的君子面前惭愧,人性中阳光的一面被君子人格感召出来,阴暗心理减弱是可以理解的。但是"诚其意"已经到达"不自欺"状态的君子,又有什么阴暗心理值得隐藏呢?朱熹也认为郑玄的解释值得商榷,便以"慊"的另一个含义快乐满足来解释,"谦,快也,足也。"②"自谦"是诚意之后君子内心充满快乐满足,"而求必得之,以自快足于己"③。郑玄对"自谦"的解释固然值得商榷,而朱熹的解释同样比较勉强。

"谦"作为修行概念来用源远流长,《周易》便有谦卦。"谦,亨,君子有终。"其大意为:"谦,可以成功,君子能谦,终必有好的结果。"④此卦的象辞曰:"地中有山,谦。君子以哀多益寡,

---

① 阮元.十三经注疏下册.礼记正义.北京:中华书局,1980:1153.

② 朱熹.四书章句集注.北京:中华书局,1983:7.

③ 朱熹.四书章句集注.北京:中华书局,1983:7.

④ 徐芹庭.细说易经六十四卦上册.北京:中国书店,1999:220.

称物平施。"大意为：地中有山，山本高出地上，而屈居地中，
这是谦卦的象征。君子效法他的精神，减损多余的而增益缺少
的，称量事物多少而作平等的施与。谦卦的核心含义是谦虚，卦
象上为坤卦☷，象征大地，下为艮卦☶，象征山，山居地中，地
中有山，比喻谦虚。这是一个极好的比喻，山虽高，实生于地
中，立于地上。地虽博，却实之以山。彼此相互依存。山不以高
自居，地不以博自居，相互包容，相互依存。个体若不自我封
闭，将自我放置于整体系统中来观照自身，就会发现没有个体
就没有整体，顿然觉悟自己虽然渺小，却能影响全局整体的发
展走向，因此觉悟到个体的意义和价值。这就是谦卦含义的现代
表达。"诚其意"，明确了自身职分，找到了努力的方向，持之以
恒提高完善自身。个体虽然渺小，能力虽然有限，只要不懈努力，
尽职尽责，从明善、诚身、顺亲，信友、获于上而民得治。"平天
下"的起源于"诚其意"。没有"诚意"就没有天下平。"诚意"已
经蕴含了天下平。"诚其意"的境界和"自谦"的境界是类似的，要
做到"诚其意"和"自谦"，君子就要慎独，"故君子慎其独也"。

　　慎独是修行的一个境界，慎独是在人道与天道之间上行下
达，为日常生活和工作找到终极价值，为实现终极理想找到了具
体方法，实现了人道与天道圆融不二。累土便是九层之台。从一
撮土中看到了平原广野，从一卷石中看到了峻岭崇山，这个慎独
的境界用《楞严经》上的一句话表达更有助于理解，"于一毫端
现宝王刹，坐微尘里转大法轮。"因为君子圆融了天道人道，超
越了细微与崇高，故君子一言一行都闪耀着天道的光辉，具有春
风化雨、滋润万物的教化作用，足以改变社会风气。这就是"诚
意"的作用呀，内在的"诚意"，会产生良好的社会效果。如果

我们真诚体认到人生修为会影响人类发展的未来，如同飓风起于青萍之末，海浪成于波澜之间。人们便在人类文明发展的宏大背景下重新为生命确立意义和起点，这不就是"诚其意"吗！？

《大学》和《中庸》是传世的儒家文献中记载儒家修行心法和次第的核心文献，程朱学派因此而重点研究弘扬《大学》《中庸》以补儒家修行心法和次第之不足，这是程朱理学对中国文化的贡献之一。因为程朱学派的大力弘扬，此二书成为两宋以后儒家经典的代表而而人人共知。它们虽然篇幅不大，内容为儒家修行心法和次第。因为仅有文字记载，没有心法和次第的详细说明，也没有修行心法的具体实践材料，以至于郑玄、孔颖达只能依文解义的对《大学》文本给予简单解读，而朱熹则受禅宗文化的影响，以禅宗心法理解《大学》一文的含义。

《大学》首章重点讨论了人道、天道上行下达的关系，认为从人道"止于至善"起修，最终达到"明明德"的"天下平"。从"至善"起修就要知道何为"善"，故要"诚其意"。而在这些关键的地方，郑玄和朱熹的理解并不正确，违背了《大学》文义。这种错误的出现既和《大学》文本解释和修行方法传承中断有关，也和禅宗思想盛行有关。我们对研究《大学》本义不是为了标新立异，而是为正本清源。

附：翟玉忠：也谈《〈大学〉说什么》

付老师的文章非常重要，特别是把《大学》"三纲八目"的本义与《中庸》联系起来解读，以及对"诚其意"的解读，等等，都很有启发。我主要补充一下付老师讲的第一部分，《大学》的修学次第，从"止于至善"入手，至于"明明德"。这一点，除了经典之间的互释外，文本上还有什么证据吗？我先从两个方面展开，最后再谈谈我们为何特别重视《大学》研究。

首先，从《大学》文本内证。宋儒在解释"三纲"的时候，本末倒置，认为大学之道，从"明明德"开始，然后去治国，去亲民，最后达到最高"善"的境界。

这显然是不对的。在《大学》文本中，"在"这个词和"先"这个词，存在互换关系。请看《大学》文本中论述八目之文：

> 古之欲明明德于天下者，先治其国；欲治其国者，先齐其家。欲齐其家者，先修其身。欲修其身者，先正其心。欲正其心者，先诚其意。欲诚其意者，先致其知。致知在格物。

上面文字中前面用"先"，最后是"致知在格物"。若按前面句式，最后一句可以写成"欲致其知者，先格物"。可见二字存在互换关系。

《大学》详细解释"八目"的时候，常常不用"先"，而是用"在"。比如说，解释"欲修其身者，先正其心"时，就变成了"所谓修身在正其心者"。对此解释之后，最后结语又说"此谓修身在正其心"。再比如，下文的"所谓齐其家在修其身者"，用的也是"在"。对此解释之后，最后的结论部分说"此谓身不修，不可以齐其家"，又转换为"不……不可以"了，就是说，后面的"修身"是"齐家"基础。"治国"部分更有意思，"所谓治国必先齐其家者"，用的是"必先"一词，特意强调了一下"先"。同理，后面的"齐家"是"治国"的基础。

搞清楚了"先"与"在"的转换关系，我们再来看"大学之道，在明明德，在亲民，在止于至善"，修习大学之道，你不可以不"明明德"；你要"明明德"，不可以不"亲民"；你要"亲民"，不可以不"止于至善"；即后一纲是前一纲次第基础。所以，修习次第就是先"止于至善"，再"亲民"，然后再"明明德"——宋儒对《大学》的解释颠倒本末！

第二，日本东北大学浅野裕一教授前些年曾写过《〈大学〉篇之著作意图——"大学之道"再考》①一文。浅野裕一对《大学》作了细致的分析，很值得参考。他说："如果将'大学之道'理解为至高、最高的学问，那么，此为学问的完成状态之一。但是，在'止于至善'之下，又有止→定→静→安→虑→得相续的次第阶梯，据此，'止于至善'又不过是出发点而已……"

他还论述了很多，不一一举例。其实，浅野裕一不主张将"大学之道"理解为至高、最高的学问。他在结论部分指出：《大学》反复论述和沿用由近、小至远、大逐渐扩大的思考模式，'大学之道'当是'扩大学问之道'，即从浅近的阶段，向高远的阶段不断扩大学问的阶梯、途径（逐级学习）之义。"

他又引述《礼记·学记》来论证"大学之道"是"扩大学问之道"：

> 一年视离经辨志，三年视敬业乐群，五年视博习亲师，七年视论学取友，谓之小成。九年知类通达，强立而不返，谓之大成。夫然后足以化民成俗，近者说服而远者怀之，此大学之道也。《记》曰："蛾子时术之"，其此之谓乎！

① 陈致主编.简帛·经典·古史.上海：上海古籍出版社，2013.

以上是我就付老师《〈大学〉说什么》的两点补充。这几年来，我们在《大学》研究方面做了一些工作，也写了多篇文章。我们不是想凸显先贤之误，标新立异，而是要世人把握中华文明的根本特点——从人道起修，由人道至天道——从人道起修，强调入世修行，而不是如印欧语文明那样强调出世修行。

如果按照朱熹禅宗化观点来解释，则很容易把中华文化在"人道中起修"这种特点抹杀掉，变成了追求心地上的成功，乃至内圣外王的断裂。

地球上的文明体系，目前只存留下两个。这里的"存留"，不是指人种，而是指有独立的政治经济体系、社会文化体系等方面。一个是诞生于东亚的华夏文明体系，另外一个是最早诞生于南俄大草原的印欧文明体系。这两个体系是互动的，互相促进。五千年来，两大文明体系的互动非常丰富。印欧体系有几次大的扩张，包括公元前四千年开始，从起源地的扩张。还有1492年，哥伦布"发现"美洲，印欧体系扩张更加急速，一直持续到今天。

在印欧语族群的扩张过程中，佛教传播到中国，改变了中国文化的方方面面。不仅影响了普通百姓，也影响了精英阶层。正是佛教禅宗影响了精英阶层对《大学》等元典的理解和诠释。在印欧体系中，从印度的丛林到希腊的岛屿，都强调出世修行。美国汉学家安乐哲（Roger T.Ames）的《儒家角色伦理学：一套特色伦理学词汇》（山东人民出版社，2017年）一书，谈到古希腊圣人、哲人观念的内涵，和我们中国的观念完全不同。他引用了安靖如（Steve Angle）的论述：

　　　　古希腊的圣人概念往往与神性理念绑在一起，神性是个全善、尽美境界，在人世之外。只有神才具有真正智慧，而人只可以、应该去努力追求智慧（sophia）；这样做的人才是"爱智"，称为"哲学家"。由于这些个体人热爱和追求的东西是与有限之人的知识根本不同。希腊理论家基本都认为，有这种追求，须与日常生活相分离，他们主张应通过精神修炼，越发以一种吸引力量接近神性智慧，达到对他们生命的塑造。对很多哲人来说，最美好的生活（快乐的生活称为 eudaimonia）便是冥思（theorie）。

安乐哲先生还举了其他的例子，比如说，柏拉图就认为"禁欲是必须的"。在古希腊哲学中，有很多关于禁欲问题的讨论。他们认为，禁情欲才能够得到纯净的智慧。早期的西方哲学，离世修行的特点非常明显。在我们的时代，哲学在某种程度上成为一种抽象及理论的活动，脱离了日常生活。古希腊时期的哲学不是这样，西方哲学是如何演变为纯粹抽象和思辨的活动？这个问题，西方学界存在不同的观点。可以肯定的是，至晚的时间节点应是在中世纪以后——以宗教的形式实现教化、维系伦理，西方哲学才有可能从现实中"脱离"出来。

佛教、印度教也强调离世修行，基督教的修行也有这样的特点。我并不是说所有印欧语族宗教全部讲出世，事实上任何宗教都离不开现世。宗教，毕竟是人的宗教，肯定涉及对现实生活的指导，基督教有这方面的内容，伊斯兰教更为明显——伊斯兰教对于教徒间互相扶助的制度设计相当人性化。

但从整体上说，在西方一神教信仰体系中，人与神之间是断裂的。这种断裂在两河文明时期就开始了。人不可以成神，在这种人、神关系影响下，基督教成为国教以后，基督教徒便有了普遍的厌世心理，人活着的目的是为了死后进入天堂。

十六世纪，宗教改革和新教运动崛起，马丁·路德强调"因信称义"，只要信仰上帝，就可以得救。但新教运动并不是马丁路德完成的，加尔文的贡献十分重要。新教实质上把人的地位提高了，人可以在心灵上与上帝接近。对人类而言，这是一种觉醒。

加尔文发展了西方"内圣外王"的结构，极大影响了现代西方的历史进程。大家看看，但凡加尔文主义影响巨大的国家，都是强国！像美国、加拿大、德国、荷兰、英国，等等。为什么？我觉得这与精神基因有关。加尔文重新定义了善功，把现实生活神圣化了。加尔文支持马丁·路德关于"因信称义"的观点，但你怎么知道自己是否得救？除了内在信仰之外，加尔文进一步提出"善功"的重要意义。加尔文所强调的"善功"不是教会腐化时期专门用来赎罪的"善功"，是指日常工作和世俗劳作，你只需敬业地做好你的日常工作，坚持家庭美德，勤奋节俭，清洁简朴，这就是被上帝拣选的外在确证。反之，你若好逸恶劳、腐化堕落，那么，就是被上帝抛弃的人。

在某种程度上，加尔文把西方内圣与外王的断裂重新链接起来。从中国文化的角度看，加尔文只是初步链接了内圣与外王，没有衍生出内圣外王完备的知识体系。但是，加尔文的工作非常了不起，影响深远——对一个国家的发展而言，那是强大的根本动力！

《大学》从人道起修，修齐治平一以贯之，是人类研究内圣外王的经典文献。我们绝不能学宋儒，以印欧语族群出世的宗教观念消解它！

　　我们不能单纯走遁世隐修的路线。当然，人的特点不同，有人适合遁世隐修。但对整个社会来说，需要正确理解《大学》所开示的内圣外王生命境界——近年来，我们着力研究《大学》，也是基于这样的目的。

四、翟玉忠关于《大学》《中庸》五篇论述

其一：至善与明德——宋以后学人对《大学》的误读

积善成德，由人道之善起修，上达天道之德，成圣成贤，这是中国文化内圣外王不二法门的精髓所在。

所以《大戴礼记·劝学第四十六》说："积善成德，神明自传，圣心备矣。"黄怀信等著《大戴礼记汇校集注》按："神明自传无义，'传'必'得'字之误，诸校是。"①

孔门心法的核心经典《五行》解释说："善，人道也。德，天道者。"具体地说，在《五行》中仁、义、礼、智属于人道之善的范畴，圣属于天道之德的范畴。

《礼记·大学》开篇也是讲"积善成德，神明自传（得），圣心备矣"的道理，只不过说得稍微详尽些。上面说："大学之道，在明明德，在亲民，在止于至善。"

---

① 黄怀信等.大戴礼记汇校集注.西安：三秦出版社，2004：823.

1. 现代大学教育的本质是学习实用技能的"小学"

何谓大学之道？

《礼记·学记第十八》着重从教与学实践的角度讲了这个问题，《礼记·大学第四十二》着重从修道进德的角度讲了这个问题，二者所谈角度不同，完全可以互参。

《学记第十八》开篇讲学习的重要性："君子如欲化民成俗，其必由学乎！"东汉郑玄注："所学者，圣人之道在方策。"唐代官方编纂的《礼记正义》孔颖达疏："郑恐所学惟小小才艺之事，故云'所学者，圣人之道'。以其化民成俗，非圣人之道不可。云'在方策'者，下篇'文武之道，布在方策'是也。"

换言之，要经世济民，必须学习圣贤之道，这是"大学"的应有之义。什么是"大学之道"的呢？《学记第十八》写道："一年视离经辨志。三年视敬业乐群，五年视博习亲师，七年视论学取友，谓之小成；九年知类通达，强立而不反，谓之大成。夫然后足以化民易俗，近者说服，而远者怀之，此大学之道也。"

大学最后学成谓之"大成"，《礼记正义》解释说："'九年知类通达，强立而不反'者，谓九年考校之时，视此学者，言知义理事类，通达无疑。强立，谓专强独立，不有疑滞。'而不反'，谓不违失师教之道，谓之大成。'此大学之道也'者，言如此所论，是大学贤圣之道理，非小学技艺耳。"

不难看出，"大成"是一种于万事万物圆融无碍，应化无方的智慧境界。我们参考孔子对圣人的理解，能够更清楚理解这种境界。据《大戴礼记·哀公问五义第四十》，鲁哀公问孔子什么是圣人，孔子回答说："所谓圣人者，知通乎大道，应变而不穷，能测万物之情性者也。大道者，所以变化而凝成万物者也。情性也者，所以理然、不然、取、舍者也。故其事大，配乎天地，参乎日月，杂于云蜺（亦作"云霓"，喻圣人风采境界非凡——笔者注），总要万物，穆穆纯纯，其莫之能循；若天之司，莫之能职。百姓淡然，不知其善。若此，则可谓圣人矣。"

圣人智慧应变无方，处世和光同尘。正是因为大学之道乃是圣贤智慧之学，所以汉唐注家特别强调"大学贤圣之道理，非小学技艺耳"。在古人的心目中，礼、乐、射、御、书、数这六种生产生活技能是小学所教内容。古代八岁入小学，儒者（保氏）教之。《周礼·地官司徒第二·保氏》述其职责云："保氏掌谏王恶，而养国子以道。乃教之六艺，一曰五礼，二曰六乐，三曰五射，四曰五驭，五曰六书，六曰九数。乃教之六仪，一曰祭祀之容，二曰宾客之容，三曰朝廷之容，四曰丧纪之容，五曰军旅之容，六曰车马之容。"

现代大学重工具理性，将专业技能作为教学的主体，近乎完全忽视了圣贤智慧之学。特别是在中国，连"方策"中的圣贤经典也被史学化、（西方）哲学化了——对于一般现代大学教授来说，"知通乎大道"与海外玄谈没有什么区别。在此意义上说，现代大学教育的本质是学习生产生活实用技能的"小学"！

2.宋儒颠倒"积善成德"为"积德成善"

如何成就圣人之道？

《大学》指示我们："在明明德，在亲民，在止于至善。"其中"止于至善"居于基础地位。

宋以前，对《大学》积善成德的修法学人没有太多异义。但从南宋朱熹开始，他竟颠倒因果，将大学之道变成了"积德成善"，简直是佛家"悟后起修"的儒家版。朱熹在《大学章句集注》中写道："新（他妄改"亲民"为"新民"——笔者注）者，革其旧之谓也，言既自明其明德，又当推以及人，使之亦有以去其旧染之污也。止者，必至于是而不迁之意。至善，则事理当然之极也。言明明德、新民，皆当至于至善之地而不迁。"

由于朱子学宋以后成为官方科举定本，其影响所及，直到二十一世纪的诸多学人。

通观《大学》全书，其行文结构极为清楚，共分三大部分：

从"大学之道"至"在止于至善"四句，是全书的总纲。《礼记正义》孔颖达疏："言大学之道，在于此三事矣。"此三事，即明明德、亲民、止于至善三事，分别对应天下、国家、个人三个层面。

接下来，"更覆（覆同复——笔者注）说'止于至善'之事。"全文是"知止而后有定，定而后能静，静而后能安，安而后能虑，虑而后能得。物有本末，事有终始，知所先后，则近道矣"，这是文章的第二部分，强调个人修身，止于至善是大学之道的"始"和"先"。

受千百年来"以佛释儒"风气的影响，学人们老是将这段话同佛家禅定开悟联系起来，画蛇添足，高推圣境。实际上其内容极为朴实细致。我们不防将孔颖达的解释录在这里："'知止而后有定'者，更覆说'止于至善'之事。既知'止于至善'，而后心能有定，不有差贰也。'定而后能静'者，心定无欲改，能静不躁求也。'静而后能安'者，以静故情性安和也。'安而后能虑'者，情既安和，能思虑于事也。'虑而后能得'者，既能思虑，然后于事得安也。"至于"得"什么，郑玄解释得十分清楚："得，谓得事之宜也。"即得事之义理，做事恰当合宜。

从孔颖达的疏中我们能清楚地看到"既知'止于至善'，而后心能有定"，"止于至善"是起点，到了朱熹这里则成了终点。这里的"至善"当理解为最根本、最细处的善，因为后面的"诚意章"进一步解释了止于何处，即"为人君，止于仁；为人臣，止于敬；为人子，止于孝；为人父，止于慈；与国人交，止于信。"——修行的关键就是在日用伦常处下功夫！

最后，从"古之欲明明德于天下者"一直到结尾，是第三部分。主要是讲"格物、致知、诚意、正心、修身、齐家、治国、平天下"中的后六目。大学八目中，修身为本，所以文中说："自天子以至于庶人，壹是皆以修身为本。""诚意"，在心意识上用功，是修身的落脚点。而诚其意，"止于至善"是基础，所以在释"诚意"的部分"诚意章"，又再次解释了"止于至善"。

那么"亲民"怎么没有解释呢？实际上它包括在"所谓平天下在治其国者"这部分中，治国即"亲民"。

总之，"古之欲明明德于天下者"这部分，既包括对"亲民"的解释，又包括对"止于至善"的解释，足见其当是大学之道的终点，而非朱熹讲的起点。

3.《中庸》"明善"与《大学》"止善"

除了《大学》，《中庸》也是子思学派的重要作品。《中庸》强调"不明乎善，不诚乎身矣""诚之者，择善而固执之者也"。上面说："在下位不获（获，得也——笔者注）乎上，民不可得而治矣。获乎上有道，不信乎朋友，不获乎上矣；信乎朋友有道，不顺乎亲，不信乎朋友矣；顺乎亲有道，反诸身不诚，不顺乎亲矣；诚身有道，不明乎善，不诚乎身矣。诚者，天之道也；诚之者（指学而诚之者——笔者注），人之道也。诚者不勉而中，不思而得，从容中道，圣人也。诚之者，择善而固执之者也。"

文中，作者以"诚"论德，言"天之道"，以"诚之"论善，言"人之道"，"诚"之一字，沟通天人——诸君留意焉！！！

欲"事君"（与"明明德于天下"不同，主要是从修身层次上说），其次序是：明乎善—诚乎身—顺乎亲—信乎朋友—获得上。这里明乎善，以及后面的"择善而固执"，与大学"止于至善"是相通的，都是修行的根本，因为明（择）善才有诚意可言。

在拙著《性命之学：儒门心法新四书阐微》一书中，笔者解释《礼记·大学》时，曾对宋儒对《大学》的肆意篡改和严重误读做了细致剖析，感兴趣的朋友可以参阅。①

本文重新提出这个问题，除了找到一些新证据证明宋儒对圣贤之学的误解，更是因为我们修行，找到落脚点十分重要，"止于至善"、诚意才是修行的根本，这一点不容商量。颠倒黑白，以末为本，要不得！这是关乎人的性命，智慧的大问题，不得不一再申述。

其二：《大学》"善行、安乐、智慧"三位一体的幸福密码

近年来，海内外越来越多的学者发现，宋明理学对《礼记·大学》存在严重误读——将大学之道误解为以"明明德"为始，终于"止于至善"，颠倒了中国文化"积善成德""为善最

---

① 翟玉忠.性命之学：儒门心法新四书阐微.北京：中央编译出版社，2014：117–153.

乐""德成智出"的根本特征。

台湾印顺法师（1906—2005）认为，宋儒之所以犯这个错误，是因为受了禅宗的影响。他说："以明明德为先，止于至善为后（这是受了禅宗影响的新说）。但探求大学的本义，必须注意'在'字，一定要着落到知止于至善为下手处，才能与下文相呼应。"①

历史上，朱熹教导人常用禅宗的方法、语言。他甚至要学生将"明明德"作为话头来参。②

日本学者浅野裕一对《大学》的篇章结构和思考模式做了细致分析，也发现"止于至善"为本、为始、为先，"明明德"为末、为终、为后。他指出："（《大学》）论述不断重复了由近、小至远、大，逐级而上不断扩大的思考模式……'止于至善'之下，仍有止→定→静→安→虑→得不断相续的次第阶梯，据此，'止于至善'又不过是出发点而已。"③

河北石家庄学院的付金财老师也曾多次撰文，从文字学、经典内证等角度，阐释宋明理学颠倒"大学之道"本末的原因及其恶果——由于很少人悟到朱熹所谓"虚灵不昧"的"本体之明"，学人也就失去了修齐治平，治身理国的落脚之处。宋以后中国文化变得越发空疏，以宋明理学"援佛入儒"关系很大。

拙著《性命之学：儒门心法新四书阐微》收入子思学派楚简《五行》《性自命出》《大学》《中庸》，结合出土文献，力证宋明

---

① 释印顺：《我之宗教观》，中华书局2011年版，第47–48页。
② 付金财：《朱熹以禅误读〈大学〉"明明德"，遗害千年》，网址：http://www.xinfajia.net/16371.html，访问日期：2020年6月23日。
③ 浅野裕一．《大学》篇之创作意图——'大学之道'再考．收入简帛·经典·古史．上海：上海古籍出版社2013．

理学对儒家的误读。先秦儒家对德与善定义："善，人道也。德，天道也。"（楚简《五行》）明明人道之善为修行之起点，天道之德为修行的终点。

朱熹在《大学章句集注》中解释"在止于至善"，称"至善，则事理当然之极也。言明明德、新民，皆当止于至善之地而不迁。盖必其有以尽夫天理之极，而无一毫人欲之私也"。将"至善"理解为类似佛家修行的最高境界，简直荒唐！

1. "止于至善"要求学人在日常人伦，点滴善行处用功

《礼记·大学》整篇是以成就大学之道的"三纲"——"在明明德，在亲民，在止于至善"为中心展开的。分两大部分，前面的经，全文如下：

"大学之道，在明明德，在亲民，在止于至善。

"知止而后有定，定而后能静，静而后能安，安而后能虑，虑而后能得。物有本末，事有终始。知所先后，则近道矣。（唐代孔颖达《礼记正义》认为此段"更复说'止于至善'之事"）

"古之欲明明德于天下者，先治其国；欲治其国者，先齐其家；欲齐其家者，先修其身；欲修其身者，先正其心；欲正其心者，先诚其意；欲诚其意者，先致其知；致知在格物。物格而后知至；知至而后意诚；意诚而后心正；心正而后身修；身修而后家齐；家齐而后国治；国治而后天下平。自天子以至于庶人，壹是皆以修身为本。其本乱而末治者否矣。其所厚者薄，而其所薄者厚，未之有也！此谓知本，此谓知之至也。"（唐代孔颖达《礼记正义》认为此段"故此经明'明德'之理"）

经又分三部分，第一部分开宗明义，指出大学三纲；第二部

分按大学由近、小至远、大的思维模式，论由"止于至善"始，得"理义智慧"的道理；第三部分阐述如何"明明德"，造福社会——"古之欲明明德于天下者"。

无论是阐述"止于至善"，还是阐述"明明德"，作者特别强调本末次序的重要性。宋明无论是程失理学还是陆王心学，皆颠倒本末，背离了《大学》阐释的内圣外王大道——我们不得不说，这是中国文化的大悲剧！

经后面是对经的解说"传"，是按大学"八目"的展开，分别是：格物、致知、诚意、正心、修身、齐家、治国、平天下。《大学》传的次序为：

"所谓诚其意者……"

"所谓修身在正其心者……"

"所谓齐其家在修其身者……"

"所谓治国必先齐其家者……"

"所谓平天下在治其国者……"

传中没有解释"止于至善"，主要对"三纲"中"明明德于天下"做了解读，且用大量篇幅解释如何"诚意"、如何"平天下"——这当与作者如世间一切修心方法、从意识心起修，以及中国文化内外不二、不失世间关怀有关。

不过，在"所谓诚其意者……"部分中，包含对三纲的解读。作者先用夏商周三代的言行，言明己之德的重要性。引言皆出自中国古典政治学核心文献《尚书》，突出了"明明德"与"平天下"的关系。文中说：

"《康诰》曰：'克明德。'《大甲》曰：'顾諟天之明命。'《帝典》曰：'克明峻德。'皆自明也。"

接着解释"亲民",全心全意,念兹在兹,改造自身,改造社会,日新其德,即是亲民。文中说:

"汤之《盘铭》曰:'苟日新,日日新,又日新。'《康诰》曰:'作新民。'"《诗》曰:'周虽旧邦,其命维新。'是故君子无所不用其极。"

最后论"止于至善",作者明确指出,"至善"所止之处,是平常日用人伦。"止于至善"为三纲之本、之始,之先,在此表现得特别突出。上面说:

"《诗》云:'邦畿千里,惟民所止。'《诗》云:'缗蛮黄鸟,止于丘隅。'子曰:'于止,知其所止,可以人而不如鸟乎?'《诗》云:'穆穆文王,於缉熙敬止。'为人君,止于仁;为人臣,止于敬;为人子,止于孝;为人父,止于慈;与国人交,止于信。"

"止于至善"是大学之道的落脚点,要求学人在日常人伦,点滴善行处用功,这是先贤修身的下手处。与印度和西方文化强调出离心,离世修行相比较,最为稳当,易行!

"知止而后有定,定而后能静,静而后能安,安而后能虑,虑而后能得",由"止→定→静→安→虑→得"六个阶梯,得身心安乐、理义智慧。东汉郑玄注"得"云:"得,谓得事之宜也。"

其中,善行、智慧、安乐三而一,一而三,三位一体——这是《礼记·大学》"善行、安乐、智慧"三位一体的幸福密码,人生大道!尽管《大学》中没有展开论述,导致"止于至善"为修身落脚点的六次第长期为人忽略,但在中国文化其他经典中,多有论述。

2.善行、智慧、安乐三位一体的人生大道

《黄帝内经·灵枢·本神篇第八》论精、神、魂、魄、心、意、志、思、虑、智等精神活动的产生过程，其次序与《大学》相似，皆以心为重要基础，以智慧为终点——东西古今，一切圣贤之学皆为智慧之学！

《本神篇第八》写道："故生之来谓之精，两精相搏谓之神，随神往来者谓之魂，并精而出入者谓之魄，所以任（使，引申为支配——笔者注）物者谓之心，心有所忆谓之意，意之所存谓之志，因志而存变谓之思，因思而远慕谓之虑，因虑而处物谓之智。"

与《礼记·大学》一样，同属子思一派（子思氏之儒）的《五行》，论智慧、安乐、德行的关系更为清楚，作者指出：君子内心没有对天道的忧思向往就不会产生内在的智慧，没有内在智慧就不会有内心的喜悦，没有内心的喜悦就不会身心安适，没有身心安适就不会有真正的快乐，没有内在的快乐也就不能成就德行。（原文：君子亡中心之忧则亡中心之智，亡中心之智则亡中心之悦，亡中心之悦则不安，不安则不乐，不乐则亡德。）

《礼记·乐记》同样提到合乎礼乐的善行、身心安乐，与所信如天、所畏如神的智慧境界三者之间的关系。上面说："礼乐不可斯须去身。致乐以治心，则易、直、子、谅（意为平易、正直、慈爱、诚信——笔者注）之心油然生矣。易、直、子、谅之心生则乐，乐则安，安则久，久则天，天则神。"

总之，善行、智慧、安乐三者，犹如人生之鼎的三个足，缺一不可，三者互为因果——没有善行，不可能有真正的智慧、安

乐；没有智慧，不可能有真正的安乐、善行；没有安乐，可能有真正的智慧、善行。

幸福，是善行、安乐、智慧三者不断磨炼、成长、圆满的结晶——这才是大学之道的本质。在此意义上，源于"止于至善"的六次第，再怎么强调，都不为过。

学人当于此幸福密码，仔细参究，认真践行！

否则，对人生大道浑浑噩噩，真愧对先贤，枉费此生矣！

其三：《大学》"格物致知"本义考

中国文化最鲜明的特色就是内在修养（内圣）与外在事功（外王）一以贯之，体用不二，于外用中内养，直入不二法门。

具体表现为：中华文明早已摆脱了神话宗教阶段，社会生活高度世俗化，理性化。由人道而天道，止于人道之善，上达天道之德。在日常生活中，敦伦尽分，闲邪存诚——处处直心道场，人人可成圣贤。

与此相对应，修行上不费人事，重人事物理的学习，参究。由博返约，由知而行，成就应变无方，知行合一，理事圆融的圣贤智慧境界。

《荀子·宥坐篇》引孔子言，论及为学目的及修学次第，十分精当。同以理性知识为基础的现代教育不同，中国人的教化介于西方宗教与西方学术之间，既重事理物理的研究，又重道德智慧的成就，德成智出，后者才是学习的最终目的。孔子曰："君子之学，非为通也，为穷（困窘——笔者注）而不困、忧（忧患——笔者注）而意不衰（恐惧、慌乱——笔者注）也，知祸福终始而心不惑也。夫贤不肖者，材也；为不为者，人也；遇不遇者，时也；死生者，命也。今有其人不遇其时，虽贤，其能行乎？苟遇其时，何难之有？故君子博学、深谋、修身、端行以俟其时。"

博学、深谋、修身、端行这一修行次第孔门十分重视。《中庸》论如何达到诚的境界，"择善而固执之"的道理，也指出由知而行的次第，"博学之，审问之，慎思之，明辨之，笃行之。"

《大学》讲得更为细致，条理清晰，这就是著名的三纲领、八条目，简称"三纲八目"。"三纲"即"明明德""亲民""止于至善"；"八目"即"格物""致知""诚意""正心""修身""齐家""治国""平天下"。

如果我们将三纲的次序倒过来："止于至善"—"亲民"—"明明德"，就会发现三纲、八目实际上是一个东西的两面，八目不过详细阐发了三纲而已。

怎奈，汉以后中国文化深受西来佛教、特别是禅宗的影响，重悟后起修，结果将"明明德"作为修行起点，最后达到"止于至善"的境界。颠倒本末，遗害极大。

关于宋以后儒家对三纲的严重曲解，笔者在拙著《性命之学：儒门心法新四书阐微》一书已经做过详细论述。[①]

这里，我们着重论述后儒对"格物致知"的误读。

1.王阳明错在哪

儒家有一则著名的学案——守仁格竹。

人类历史总会在某个点上产生巨大分野。当西方人将目光投

---

① 《性命之学：儒门心法新四书阐微》一书中的相关论述见第117–153页。该书由中央编译出版社2014年3月出版。

向遥远世界的时刻，中国人的目光却愈发转向内在。

1492年，就是哥伦布向西寻找印度，最终发现美洲新大陆的那一年。21岁的王阳明沉迷于宋儒眼中的"格物"之学，并践行之。他约一位朋友对竹穷思，日夜不息，结果不仅没有悟出大道，反倒病倒了。明代钱德洪《王文成公年谱》记此事说："是年为宋儒格物之学。先生始侍龙山公（其父王华——笔者注）于京师，遍求考亭（以朱熹为代表的理学学派又称考亭学派——笔者注）遗书读之。一日思先儒谓'众物必有表里精粗，一草一木，皆含至理'，官署中多竹，即取竹格之；沉思其理不得，遂遇疾。"

青年王阳明错在哪呢？

他相信朱熹对格物致知的禅宗化理解。"青青翠竹尽是法身，郁郁黄花无非般若"，只要一念悟入，即得大智慧。这是禅宗的法门，适用于根器很高的人，但用来解释《大学》，文不对题——这和今天大学国学院生产的学术论文，用西方哲学概念、学术范式肢解中国文化没有太大区别。

《大学》是《礼记》的一篇，由汉至唐皆有注解。汉代学者郑玄释"致知在格物"时释格为"来"，似乎物随心转，让人难得其解。他说："格，来也。物，犹事也。其知于善深则来善物，其知于恶深则来恶物，言事缘人所好来也。"唐代孔颖达编纂的《礼记正义》大体继承了郑玄的说法。

朱熹著《大学章句集注》时，在很大程度上摆脱了汉儒朴实的解经风格，多以佛家理路去随意割裂儒家经典，"格物致知"在朱子那里成了"顿悟的儒家版本"。

他解释"致知在格物，物格而后知至"一语时说："致，推极也。知，犹识也。推极吾之知识，欲其所知无不尽也。格，至也。物，犹事也。穷至事物之理，欲其极处无不到也……物格者，物理之极处无不到。知至者，吾心之所知无不尽也。"

朱子似乎忘了，人类的生命感官是有限的，根本无法知无不尽，穷至事物之理。难怪王阳明和他的朋友日夜格竹，双双"劳思致疾"。《庄子·养生主》有句名言："吾生也有涯，而知也无涯。以有涯随无涯，殆已！"

战国大儒荀子也曾论及人类知识的局限性，知识是不能穷尽的。《荀子·解蔽篇》从心与物关系的角度论述说："凡以知，人之性也；可以知，物之理也。以可以知人之性，求可以知物之理，而无所疑（通"凝"——笔者注）止之，则没世穷年不能遍也。其所以贯理焉虽亿万，已不足以浃（音 jiā，通"挟"，意思是掌握，应对——笔者注）万物之变，与愚者若一。学，老身长子，而与愚者若一，犹不知错（通"措"——笔者注），夫是之谓妄人。故学也者，固学止之也。恶乎止之？曰：止诸至足。曷谓至足？曰：圣也。"

荀子告诉我们，认识事物，是人的本性；万物可以被认识，是因为事物有内在的规律。凭借可以认识事物的本性，去探求可以被认识的万物规律，如果没有一定的限度，用一辈子时间也不能遍及事理。人们学习事理的方法很多，如果最终不能应对万事万物的变化，那就和蠢人相同了。这样学习，就算自己老了、子女长大了，仍和蠢人相同，这是无知妄人。学习本来就要有所知止。依止在哪里呢？要依止于较圆满的境界，即圣贤之道。

2.朱熹画蛇添足

朱熹注意到，《大学》对八目，除格物、致知之外，都有进一步的阐述。所以他认为《大学》当有阙文，散佚的内容是对格物、致知的解释。于是朱老夫子为圣人"代言"，干脆自己补充了一段。这部分对于理解朱熹"以佛释儒"的内在理路十分重要，我们录在下面：

> 所谓致知在格物者，言欲致吾之知，在即物而穷其理也。盖人心之灵莫不有知，而天下之物莫不有理，惟于理有未穷，故其知有不尽也。是以大学始教，必使学者即凡天下之物，莫不因其已知之理而益穷之，以求至乎其极。至于用力之久，而一旦豁然贯通焉，则众物之表里精粗无不到，而吾心之全体大用无不明矣。此谓物格，此谓知之至也。

这里，朱子不仅告诉我们要穷尽万物之理，还指出"至其极"的目的："豁然贯通"，了悟大道——既然格物致知是为学的基础，到朱熹这里竟成了"众物之表里精粗无不到""吾心之全体大用无不明"的超凡境界，岂不是自相矛盾？！

到目前为止，还没有出土有关《大学》的简帛，所以不能肯定它是不是有散佚的部分。但至少从其义理和行文上，我们看不出有散佚。

同诸多宗教和教化的心法一样，《大学》也是在心意识上起修，落脚点是诚意。所以《大学》八目，先讲诚意，再依次讲"正心""修身""齐家""治国""平天下"。而格物、致知只是学理上的准备，似乎不需要画蛇添足地加上"格物致知"一段。另外，我们看《大学》相关论说的基本结构：

"所谓诚其意者……

"所谓修身在正其心者……

"所谓齐其家在修其身者……

"所谓治国必先齐其家者……

"所谓平天下在治其国者……

不难看出，《大学》并未如后面诸目一样，讲"所谓诚其意在致其知者……"，而是直言"所谓诚其意者……"，足见对诚意功夫的重视；孔门心法的关键就是以一念之诚建无边直心道场——学者留意焉！

另外，朱熹还将《大学》释诚意部分的诸多文句提前，进一步解说三纲，这似乎没有必要。因为"知止而后有定，定而能静，静而后能安，安而后能虑，虑而后能得。物有本末，事有终始。知所先后，则近道矣"，显然是承接"止于至善"，解释三纲，何需再度解释，反倒让人难解！

随意改字（如将"亲民"改为"新民"），随意剪贴、随意增饰，导致原本《大学》面目前非——宋儒之过也。

3."格物致知"本义考

事实上，孔子曾经对"格物致知"做过阐发。《礼记·缁衣篇》引孔子言，论格物的目的，以及如何做到致知，使我们对"格物致知"本义有基本的理解。上面说："言有物而行有格也，是以生则不可夺志，死则不可夺名。故君子多闻，质而守之；多志，质而亲之；精知，略而行之。"

"言有物而行有格"，《周易·家人卦》象传作"言有物而行有恒"，意思大体相同，都是主张言行有恒。所以《礼记·缁衣篇》上述引文前即说："身不正，言不信，则义不一，行无类也。"

据《礼记正义》郑玄注:"物,谓事验也。格,旧法也……质,犹少也。多志,谓博交泛爱人也。精知,孰虑于众也。"唐代孔颖达疏云:"'言有物而行有格也',物,谓事之征验;格,谓旧有法式。言必须有征验,行必须有旧法式。既言行不妄,守死善道,故'生则不可夺志,死则不可夺名'。言名、志俱善,欲夺不可也。'故君子多闻,质而守之'者,虽多闻前事,当简质而守之。'多志,质而亲之'者,谓多以志意博交泛爱,亦质少而亲之。'精知,略而行之'者,谓精细而知,孰虑于众,要略而行之。此皆谓闻见虽多,执守简要也。"

根据上下文,以及《礼记·缁衣》的注疏,可知"格物致知"中,格字当释为"法",这里是动用,格物指寻求物理人事的规律;致知,指博学明辨,抓住主要矛盾、主要问题,也就是孔颖达所说的"闻见虽多,执守简要"。

"格物致知"是学习宇宙人生道理的重要原则,不仅适用于两千多年前的古人,对于身处信息大爆炸时代的现代人来说,显得尤其重要。面对滚滚而来的信息洪流,今天重要的不是获取信息,而是选择信息——悲夫,这个世界上还有多少人依止于圣贤之道呢!

在拙著《性命之学:儒门心法新四书阐微》一书中,笔者释格为"正",认为格物即"正物",指正确理解性(心)与物的关系,重在了心法层面,显然有偏颇之处。[1]

大道精微,圣学难明,学人敢不孜孜以求……

---

[1] 翟玉忠.性命之学:儒门心法新四书阐微.北京:中央编译出版社,2014:129.

其四：中庸与两端——宋以后学人对《中庸》的误读

在中国文化中，千百年来似乎没有一个概念像"中庸"这样深刻影响国人，也没有一个概念像"中庸"这样被普遍误读，对整个社会造成了难以估量的危害。

这种误读甚至传到了国外。

20世纪30年代初，国民党元老胡汉民访问苏联。斯大林问他中国文化精髓是什么，胡汉民回答说是中庸之道。斯大林听了之后大加讽刺："中庸没有特性，没有立场，一下子中立主义，一下子投机主义，好像墙头草，风吹两边倒。"胡汉民听了很生气，向斯大林解释：中庸之道如射箭，射箭时正好中的，就是中庸之道，中庸不是不讲原则的投机。[①]

为什么高明的圣贤之学会成为"三条大道走中间"的市侩主义？

笔者认为这与宋儒对中庸的解读有直接关系。

朱熹《四书章句集注》解释《中庸》，直接释"中"为"不偏不倚、无过不及之名"，更引程颐（1033—1107）的话说："不偏之谓中，不易之谓庸。中者，天下之正道。庸者，天下之定理。"

这与唐代官方定本《礼记正义》中的解释十分不同。按东汉郑玄的说法，《中庸》："以其记中和之为用也，庸，用也。"唐代孔颖达疏云："'喜怒哀乐之未发谓之'中'者，言喜怒哀乐缘事而生，未发之时，澹然虚静，心无所虑而当于理，故'谓之中'。'发而皆中节谓之和'者，不能寂静而有喜怒哀乐之情，虽复动发，皆中节限，犹如盐梅相得，性行和谐，故云'谓之和'。"

---

① 刘达临.孔子与性文化.上海：东方出版社，2012：56.

"中"为心的境界，宋以后儒者将其解释为"不偏不倚"很受容易误导人。

1.阴阳两端，皆可为"中"

另外，朱熹《四书章句集注》将"执其两端，用其中于民"释为：

> 两端，谓众论不同之极致。盖凡物皆有两端，如小大、厚薄之类。于善之中又执其两端而量度以取中，然后用之，则其择之审而行之至矣。然非在我之权度精切不差，何以与此？此知之所以无过不及，而道之所以行也。

朱子恐怕是将"执其两端"理解成了"弃其两端"而"取中"，这是很有问题的，因为只有"把握阴阳"两端才能达到和的境界。

的确，《中庸》"执其两端，用其中于民"一节与上一节是联系在一起的。其内容如下：

> 子曰：道之不行也，我知之矣，知者过之，愚者不及也。道之不明也，我知之矣。贤者过之，不肖者不及也。人莫不饮食也，鲜能知味也。

《礼记正义》郑玄注："'两端'，过与不及也。'用其中于民'，贤与不肖皆能行之也。"孔颖达人的解释更为明确："'执其两端，用其中于民'者，端谓头绪，谓'知者过之，愚者不及'，言舜能执持愚、知两端，用其中道于民，使愚、知俱能行之。"

我们看，"执其两端，用其中于民"没有"量度以取中，然后用之"的意思，而是让"愚、知（通智——笔者注）俱能行之"。宋儒显然是受了将中解释为"不偏不倚"的影响，然后错上加错。

西汉一代儒宗董仲舒《春秋繁露·循天之道第七十七》以天道言养生，直接将四季中的春分、秋分说成两"和"，将冷热两个极端冬至和夏至说成两"中"，认为中之用合于阴阳，为天地的起始，是圣人要执持的。

《中庸》上说："喜怒哀乐之未发，谓之中；发而皆中节，谓之和。"这是讲喜怒哀乐的动与静。其实止与动，发与不发都可以是中庸的境界，关键是否得宜，依时而发。《中庸》上说："君子之中庸也，君子而时中。"

什么是"执其中"呢？不是压抑喜怒哀乐的"活死人"才是"中"，真正的"中"是当喜则喜，当怒则怒，当哀则哀，当乐则乐，而不著于喜怒。董仲舒以阴阳喻喜怒，解释"执其中"的道理。天不离阴阳之气，人亦不可失喜怒之性。他说：阴阳之气在天也在人。在人的表现为喜好、厌恶、高兴、忿怒，在天的表现为温暖、清爽、寒冷和暑热。出入上下、左右、前后，与人同在，从未停止过，没有一点留滞。其中在人的，也应该是随人而行不留滞，如同四季有条不紊地运行。喜好、忿怒、悲哀和快乐的停止或运动，这是上天所赋予的人的本性。本性当表现的时候，它们就表现出来与之呼应，这也是上天的反应。和温暖、清凉、寒冷和暑热出现的时候，它们就表现出来没有区别。如果留滞恩德等待春夏二季时，留滞刑罚等待秋冬二季时，这种做法有

顺随四季的名声，实际上违逆天地的原则。在人也是在天，为什
么长久滞留上天之气，让它们郁滞不行，不能正常运行……因此
春季施行仁爱而寻求美善，秋季施行正义而寻找丑恶，冬季施行
刑罚而使清明实现，夏季施行恩德而实现宽大。这是用来随顺天
地，体现阴阳的方法。然而正在寻求美善的时候，见到丑恶就不
轻饶；正在寻找丑恶的时候，见到美善便立即实行；正在追求清
廉时，见到大的美善就立即举荐；正在追求宽缓时，见到大的丑
恶立即去除。以便效仿天地刚刚生出万物时有衰败，刚刚衰败时
有生长。因此意志想法随顺天地，宽缓、急切仿效阴阳二气。然
而人类事物中应该实行的，没有留滞之处，况且对人宽恕，对天
随顺，天人之道并举，这叫做把握适中。《春秋繁露·如天之为
第八十》记载：

> 阴阳之气在上天亦在人，在人者为好恶喜怒，在天者
> 为暖清寒暑，出入上下，左右前后，平行而不止，未尝有所
> 稽留滞郁也，其在人者，亦宜行而无留，若四时之条条然
> 也。夫喜怒哀乐之止动也，此天之所为人性命者，临其时而
> 欲发，其应亦天应也，与暖清寒暑之至其时而欲发无异，若
> 留德而待春夏，留刑而待秋冬也，此有顺四时之名，实逆于
> 天地之经，在人者亦天也，奈何其久留天气，使之郁滞，不
> 得以其正周行也……是故春修仁而求善，秋修义而求恶，冬
> 修刑而致清，夏修德而致宽，此所以顺天地，体阴阳；然而
> 方求善之时，见恶而不释，方求恶之时，见善亦立行，方致
> 清之时，见大善亦立举之，方致宽之时，见大恶亦立去之，
> 以效天地之方生之时有杀也，方杀之时有生也，是故志意随

天地，缓急仿阴阳，然而人事之宜行者，无所郁滞，且恕于
人，顺于天，天人之道兼举，此谓执其中。

董仲舒这里说得很清楚，或阴或阳，直道而行，顺天应人，
万事得宜，就是"执其中"。诸君试想，如果一位中医，不用药
性极寒或极热的药，只用药性很平的药，那么这个人一定是庸
医，哪里还能如调和阴阳，以平为期？

进而言之，阴阳两端，皆可为"中"，关键是用之宜——这
才是中庸大道！

2.孔子至圣，岂止仁人

"中庸""执其中""执两用中"的思想和实践源远流长，
影响到从道德到治国理念，内圣外王的方方面面。在此意义
上，国人以"中"名国，其意深矣，远非（地域）地理观念所
能囊括。

从文献的记载看，三代以前，中庸之道已经树立了起来。尧
舜禹三代皆重之，至商代亦然。

《论语·尧曰》记三代训辞说："尧曰：'咨！尔舜！天之历
数在尔躬，允执其中。四海困穷，天禄永终。'舜亦以命禹。"尧
是说："舜啊！上天的大命已经落在你的身上了。诚实地护持那
中道吧！假如天下百姓都困苦和贫穷，上天赐给你的禄位就会永
远终止。"舜也这样告诫过禹。

尧"允执其中"的思想当来自其父帝喾（kù），《大戴礼
记·五帝德第六十二》引孔子语说帝喾："其动也时……执中而
获天下。"

尧的继承者，帝舜孜孜探求中庸之道。清华大学藏战国竹简尚书类文献有《保训》一篇，讲到舜作为普通人时如何用功。上面说："昔舜旧作小人，亲耕于历丘，恐求中，自稽（稽，考察——笔者注）厥志，不违于庶万姓之多欲。厥有施于上下远迩，乃易位迩稽（易位，改变自己的地位。整句意思是舜能够设身处地，考察民众疾苦——笔者注），测阴阳之物，咸顺不逆。舜既得中，言不易实变名，身兹备惟允（允，诚信；整句意思是舜更加谨慎，重诚信——笔者注），翼翼不懈，用作三降之德。"

《孟子·离娄下》记载商代立国君主："汤执中，立贤无方。"

中庸之道影响如此深远，中庸之道在德行上是不是也执持阴阳两端呢？

回答是肯定的。《尚书·周书·酒诰》中有"作稽中德"，指阴阳兼备，相反相对，相济为用的两种德行。古圣先贤对这类德行十分重视。

《大戴礼记·五帝德第六十二》孔子论帝喾，就说他："顺天之义，知民之急；仁而威，惠而信，修身而天下服。"这里，仁爱与威严是相对的两种德行。

《尚书·虞夏书·皋陶谟》中，舜帝的大臣皋陶提到九种德行，也是两两相对，它们分别是："宽而栗，柔而立，愿而恭，乱而敬，扰而毅，直而温，简而廉，刚而塞，强而义。"唐代孔颖达疏："九德皆人性也。郑玄云：'凡人之性有异，有其上者，不必有其下，有其下者，不必有其上。上下相协，乃成其德。'是言上下以相对，各令以相对兼而有之，乃谓一德。此二者虽是本性，亦可以长短自矫。宽弘者失于缓慢，故性宽弘而能矜庄严栗，乃成一德。九者皆然也。"

大连大学中国古代文化研究中心葛志毅教授认为："此兼取相对的两端成一德，应即所谓中德，相应又引伸出中正、中和乃至中庸诸概念。《书·舜典》：'直而温，宽而栗，刚而无虐，简而无傲'，据孔疏所言，亦犹此九德之义。《礼记·中庸》'执其两端用其中'，应有助于对此九德的理解。此乃追求君子道德修养之中正圆融，品性兼济周备，是对孔子中庸的提出，应前有启发。"[1]

葛志毅教授所引《今文尚书·虞夏书》原文是："帝曰：'夔！命汝典乐，教胄子，直而温，宽而栗，刚而无虐，简而无傲。诗言志，歌永言，声依永，律和声。八音克谐，无相夺伦，神人以和。'"舜帝说："夔！任命你主持乐官，教导年轻人，使他们正直而温和，宽厚而庄重，刚毅而不粗暴，简约而不傲慢。诗是表达思想感情的，歌是唱出来的语言，五声是根据所唱而制定的，六律是和谐五声的。八类乐器能够调和，不使它们乱了次序，那么神和人都会和谐了。"

不难看出，这些两端之德目相辅相成，目的是达到"和"的境界。

《淮南子·人间训》中的一则故事对我们理解何谓中庸之德特别有帮助：

有人问孔子："颜回是什么样的人？"孔子回答："是个仁慈爱人的人。我不如他。"有人又问："子贡是怎样的人？"孔子回答说："是个善于辞令的人。我不如他。"又问："子路是怎样的人？"孔子回答说："是个勇敢的人。我不如他。"那个人就说了："他们三个人都比你行，可都成为你的学生，听你教诲，这

① 葛志毅.释中——读清华简《保训》.载《邯郸学院学报》2012年第9期。

是为什么呢？"孔子说："但我既能仁慈爱人又刚狠决断，既善于辩说又有时显得嘴笨，既勇敢又胆怯。拿他们三个人的长处换我这种应世之道，我还不情愿呢。"（《淮南子·人间训》记载："人或问孔子曰：'颜回何如人也？'曰：'仁人也。丘弗如也。''子贡何如人也？'曰：'辩人也，丘弗如也。''子路何如人也？'曰：'勇人也，丘弗如也。'宾曰：'三人皆贤夫子，而为夫子役，何也？'孔夫子曰：'丘能仁且忍，辩且讷，勇且怯，以三子之能，易丘一道，丘弗为也。'"）

孔子至圣，"圣之时者也"。应变无方，岂止仁人！

我们读《史记·孔子世家》《孔子家语》这些书，观孔子杀少正卯，武子之台用兵、夹谷之会腰斩众侏儒，即可知至圣先师孔子仁人之德的另一面——忍，刚狠。

现在有些学人，一谈儒家不是仁义礼智信，就是温良恭俭让，完全不讲圣贤能佛能魔、勇猛刚狠的德行。譬如中医医人，只知用补药，害人可谓深矣！

3.经史相参，中庸大道

宋以后儒家极重《伪古文尚书·大禹谟》"人心惟危，道心惟微，惟精惟一，允执厥中"十六字，认为是尧舜禹以来道统心法精髓所在。

不幸的是，宋儒对这十六个字误解太大。"人心惟危，道心惟微"出自《荀子·解蔽篇》所引古《道经》，其本义不是人心私欲危险，道心天理精微，是说我们修心戒惧自省，成就大道精妙无为。

那么，后八个字"惟精惟一，允执厥中"来自哪里呢？笔者认为，上古必有类似的表述，思想核心则与《管子·法法第十六》"精德立中以生正"有关。上面说："政者，正也。正也者，所以正定万物之命也。是故圣人精德立中以生正，明正以治国。故正者，所以止过而逮不及也。过与不及也，皆非正也；非正，则伤国一也。勇而不义伤兵，仁而不法伤正。"

《管子·法法第十六》主旨强调法治的重要性，论述中庸之道是从政治角度来讲的。其中"精德"当与"惟精惟一"相通，"立中"与"允执厥中"相通。精德是道家修行的圣人境界，《管子·内业》多是讲"惟精惟一"的大道修行，感兴趣的读者可以参阅。

而"允执厥中"的政治意义，关键是以法正之。所以《管子·法法第十六》接着便说："故军之败也，生于不义；法之侵也，生于不正。故言有辨（通辩——笔者注）而非务者，行有难而非善者。故言必中务，不苟为辩；行必思善，不苟为难。规矩者，方圆之正也。虽有巧目利手，不如拙规矩之正方圆也。故巧者能生规矩，不能废规矩而正方圆。虽圣人能生法，不能废法而治国。故虽有明智高行，背法而治，是废规矩而正方圆也。"

为政之器，除仁德与法治并行，亦有猛宽两端，学人当相须为用，这样才能达到社会的整体和谐。当然，不是说不用较为平和的政策，我们要根据实际情况作变通。一个出名的故事是"子产论政宽猛"。

郑国执政子产病重，就对（正卿）子太叔说："我死后，您必定执政。只有有德行的人能够用宽大来使百姓服从，其次就莫如严厉。火势猛烈，百姓看着就害怕，所以很少有人死于火。水性懦弱，百姓轻视它，很多人就死在水中。所以宽大不容易。"不久子产去世，子太叔执政，不忍心严厉并奉行宽大政策。导致郑国盗贼很多，依托芦苇荡为乱。子太叔后悔，说："我若听从他老人家的话，就不至于到这一步。"于是发兵攻打盗贼，全部杀死他们。后来盗贼稍稍收敛了一些。

孔子听说后不禁赞叹："好啊！政事宽大，百姓就怠慢，怠慢就用严厉来纠正。政事严厉，百姓就受到伤害，伤害就实施宽大。用宽大调节严厉，用严厉调节宽大，因此政事调和。《诗经》上说，'百姓已经很辛劳，差不多可以稍稍安稳。赐恩给中原各国，用以安定四方'，这是实施宽大；'不要放纵随声附和的人，以约束不良之人。应当制止侵夺残暴的人，他们从来不怕法度'，这是用严厉来纠正；'安抚边远，柔服近邦，用来安定我国王'，这是用平和来安定国家。又说，'不争强不急躁，不刚猛不柔弱。施政平和宽裕，各种福禄都聚集'，这是和的极点。"（《左传·昭公二十年》记载孔子的话："善哉！政宽则民慢，慢则纠之以猛。猛则民残，残则施之以宽。宽以济猛，猛以济宽，政是以和。《诗》曰：'民亦劳止，汔可小康。惠此中国，以绥四方。'施之以宽也。'毋从诡随，以谨无良。式遏寇虐，惨不畏明。'纠之以猛也。'柔远能迩，以定我王。'平之以和也。又曰：'不竞不絿，不刚不柔。布政优优，百禄是遒。'和之至也。"）

君子为政，当宽则宽，当猛则猛；君子为德，当仁则仁，当狠则狠——这才是伟大的中庸之道。当今有些儒家大谈仁义礼智、空谈仁政王道，离中道远矣！喋喋不休，害己害人，何日可止！

宋以来，中国文弱不武的主流文化，备受侵凌的千年历史，亦与这种背离中庸之道关系巨大。

孔子云："中庸其至矣乎，民鲜能久矣！"

——历史，又何尝不是这样！

其五：儒道本来是一家——《中庸》"喜怒哀乐之未发"本义

中国文化与西方文化最大的不同之一：它源自政府行政经验的总结王官之学，而非私人学术。春秋战国，王官学散入诸子百家，但百家仍然相辅相成，相须为用，绝非互为异说、截然对立的关系。

其中儒家与道家（指折衷百家的黄老），分别代表政府的社会教化和政治经济两大端，为中华政教之本源。

两家的代表人物，老子与孔子相互切磋，相互学习，更成千古为美谈。孟子称赞孔子是"圣之时者也"，（《孟子·万章下》）合乎司马谈《论六家要旨》对道家的描述："有法无法，因时为业。有度无度，因物与合。故曰：圣人不朽，时变是守。"（《史记·太史公自序》）

——孔子可谓得道家的精髓！

从汉初开始，儒家与道家互相贬低已为常态，甚至到了剑拔弩张的地步。比如好黄老的窦太后与景帝《诗经》博士辕固（又名辕固生）之争。司马迁感叹："世之学老子者则黜（chù，意为贬低——笔者注）儒学，儒学亦黜老子。道不同不相为谋，岂谓是邪！"（《史记·老子韩非列传》）

不幸的是，两千年后的今天，诸子百家争鸣成为中国版的西方私人"学术自由"，儒家成了中国文化的代名词——道术为天下裂，已经到了道术分崩，学界只知学习术，不知修习道的地步！呜呼哀哉！

先秦本无百家之说，春秋时周礼尚存，政教一统，儒道本来是一家。我们学习经典，参考百家，更能理解圣贤微言大义。

笔者研读《中庸》多年，总感到不能拿捏"喜怒哀乐之未发，谓之中"一段的本义。近来重读《韩非子·主道第五》，恍然大悟：子思子之中庸，与道家、法家之无为，都是修齐治平之道，本质无二无别——皆从节制心欲始，最后至于人人各安其位，各尽其职，天下太平。

先看《中庸》"喜怒哀乐之未发，谓之中"一段：

> 喜怒哀乐之未发，谓之中；发而皆中节，谓之和。中也者，天下之大本也；和也者，天下之达道也。致中和，天地位焉，万物育焉。

汉唐人解经与宋明理学家解经多有不同，后者常引佛入儒——表面上排斥儒家为异端，实则以佛理解释经书。

朱熹《四书章句集注》受禅宗"悟后起修"路线的影响，颠倒《大学》"大学之道，在明明德，在亲民，在止于至善"的本末，以"明明德"为始，以"止于至善"为末，殊不知，在中国文化中"明德"指极高的功德成就，还哪里有什么"止于至善"？岂不荒唐！印顺法师写道："程、朱着重了人人以修身为本的大学，所以撇开政治理想，以明明德为显发己心的明德；然后推己及人叫新民；而后自明与新他，达到至善的地步……以明明德为先，止于至善为后（这是受了禅宗影响的新说）。但探求大学的本义，必须注意'在'字，一定要着落到知止于至善为下手处，才能与下文相呼应。"①

---

① 释印顺.我之宗教观.北京：中华书局，2011：47–48.

然而谬种流传，理学解经逻辑至今仍为解释《大学》的主流。

再比如朱熹解释《中庸》"天命之谓性"，认为"性即理也"，与气相对，性是形而上的道。他说："天地之间，有理有气。理也者，形而上之道也，生物之本也；气也者，形而下之器也，生物之具也。"（《朱文公文集》卷第五十八）这显然受了佛家"佛性"抽象概念的影响。在中国文化语境中，性有禀性、气性，特质，功用的意思，指形而下层面。所以唐代孔颖达《礼记正义》解释说："但人自然感生，有刚柔好恶，或仁、或义、或礼、或智、或信，是天性自然，故云'谓之性'。"

解释"喜怒哀乐之未发，谓之中"一段时，孔颖达如下的解释显得模糊不清："'喜怒哀乐之未发谓之中'者，言喜怒哀乐缘事而生，未发之时，澹然虚静，心无所虑而当於理，故'谓之中'；'发而皆中节谓之和'者，不能寂静而有喜怒哀乐之情，虽复动发，皆中节限，犹如盐梅相得，性行和谐，故云'谓之和'；'中也者，天下之大本也'者，言情欲未发，是人性初本，故曰'天下之大本也'；'和也者，天下之达道也'者，言情欲虽发而能和合，道理可通达流行，故曰'天下之达道也'；'致中和，天地位焉，万物育焉'，致，至也。位，正也。育，生长也。言人君所能至极中和，使阴阳不错，则天地得其正位焉。生成得理，故万物其养育焉。"

到了朱熹《四书章句集注》那里，不是喜怒、哀乐、好恶本身是性，这些情感未发，无所偏颇才是性，是中。"喜、怒、哀、乐，情也。其未发，则性也，无所偏倚，故谓之中。发皆中节，情之正也，无所乖戾，故谓之和。"

至于"致中和",简直成了唐代卧轮禅师"能断百思想,对境心不起"的境界,即所谓的"至静"。《四书章句集注》说:"自戒惧而约之,以至于至静之中无少偏倚,而其守不失,则极其中而天地位矣。自谨独而精之,以至于应物之处无少差谬,而无适不然,则极其和而万物育矣。盖天地万物本吾一体,吾之心正,则天地之心亦正矣;吾之气顺,则天地之气亦顺矣。"

这里仿佛在说神通,人心正,天地也随着正了,人气顺,天地也顺了——说到底,还是汉儒神秘主义那一套!

《韩非子·主道第五》主旨讲王者用心之道。韩非其学"归本于黄老"(司马迁语),以虚静无为为本,所以开篇论人君当效法大道,虚静无为,以待臣下之有为。文中说:"道者,万物之始,是非之纪也。是以明君守始以知万物之源,治纪以知善败之端。故虚静以待,令名自命也,令事自定也。虚则知实之情,静则知动者正。有言者自为名,有事者自为形,形名参同,君乃无事焉,归之其情。"意思是说,道是万物的本原,是非的准则。因此英明的君主把握本原,了解万物的起源,掌握纲纪,了解成败的起因。所以虚心冷静地对待一切,让名称自然命定,让事情自然确定。虚无了,才知道实在真相;冷静了,才知道行动的准则。进言者自会形成主张,办事者自会形成效果,效果和主张相互验证,君主就安闲无事,事物的真相也就清楚了。

那么,现实生活如何实现虚静无为而治呢?《韩非子·主道第五》认为,作君主的不要随意显露他的欲望和意图,去除好恶,成见,万物自然会各安其位,臣下自然会恪守职责,各尽其能。若君主显露他的欲望,臣下将自我粉饰;君主显露他的意图,臣下将自我伪装。这样,君主不仅不能治理国家,还只会受到欺骗。文中说："君无见（通"现"，表现——笔者注）其所欲，君见其所欲，臣自将雕琢；君无见其意，君见其意，臣将自表异。故曰：去好去恶，臣乃见素；去旧去智，臣乃自备。故有智而不以虑，使万物知其处；有贤而不以行，观臣下之所因；有勇而不以怒，使群臣尽其武。是故去智而有明，去贤而有功，去勇而有强。君臣守职，百官有常，因能而使之。"

这里的"君无见其所欲""君无见其意"，才是"喜怒哀乐之未发"的"中"的状态；"君臣守职，百官有常，因能而使之"，就是政治上的"天地位焉，万物育焉"。

进而言之，喜怒哀乐"未发"不是没有喜怒哀乐好恶，而是节制，不随意显露日常情绪情感，这才是真正的"中"，真正的虚静。"发"指依法度赏罚，彰显喜怒哀乐好恶。

儒道两家在内圣外王之学上大同小异。《中庸》之"中"一方面要人主动化解掉日常事务引发的情绪情感，这是"虚"，另一方面让核心关切即修齐治平确立起来，这是"实"；如果说儒家《中庸》之"中"是虚掉日常之情欲，确立平天下之大愿，那么道家、法家更重视将大愿转化为法度赏罚等治国理政实践。

大家知道，韩非的老师是战国末年大儒荀子，从趋利避害的人情论到依法治国，韩非深受其师影响。我们从《解荀子·解蔽第二十一》中，能看到韩非所说的"虚静"本意。其与孔颖达"未发之时，澹然虚静，心无所虑而当於理"不同——孔氏似乎也受到佛家的影响。

同古今中西内圣之学一样，荀子认为，人要知晓大道，须在心地上用功。如何体道，关键是用心要合乎三要素："虚""一""静"，达到虚一而静的"大清明"智慧境界。

什么是"虚"，不是没有。荀子解释说："心未尝不臧（同"藏"，指记忆——笔者注）也，然而有所谓虚……人生而有知（指认识能力——笔者注），知而有志（这里是记忆的意思——笔者注）；志也者，臧也；然而有所谓虚，不以所已臧害所将受谓之虚。"

什么是"一"，不是不多，荀子解释说："心未尝不满（据下文，疑当为"两"——笔者注）也，然而有所谓一……心生而有知，知而有异；异也者，同时兼知之；同时兼知之，两也；然而有所谓一，不以夫一害此一谓之一。"

什么是"静"，不是不动。荀子解释说："心未尝不动也，然而有所谓静……心，卧则梦，偷（苟且偷安——笔者注）则自行，使之则谋，故心未尝不动也；然而有所谓静，不以梦剧（幻想和乱想——笔者注）乱知谓之静。"

由上我们看到，"中"的境界不是心的不动，不行，不用，而是在动、行、用的过程中不为杂乱的情绪情感左右，保持虚静——智慧的清明，这才是"喜怒哀乐之未发"的本义！

它要求我们学识通达，用心专一。只有惟精惟一，方能允执厥中。

——这是古今圣贤所传的不二心法！

跋：斯编足堪垂青史

历史上，只有少数作品能在人类文明星空留下自己的印记。

读罢付金财老师这部作品，我想说：斯编足堪垂青史！

何以这样说？

因为它颠覆了国人对自己核心经典的认知。

鉴于《大学》《中庸》在宋以后中国文化中的基础地位，以及其对现代文化的影响。付金财先生积八年之功，通过关键字义及经典义理的追根溯源，将《大学》《中庸》从宋明理学佛学化、玄学化、道德化的误读中解放出来，让世人看到到人生修养的正确次第，中庸之道的本来面目，功莫大焉！

付老师的阐释已经到了细致入微，乃至苦口婆心的程度，不劳他人再置喙。这里，我仅将学习《尚书》《易经》与《大学》《中庸》相关的一点心得写下来，希望不会狗尾续貂。

"知所先后，则近道矣！"对"明明德"本义的理解涉及《大学》三纲先后、本末这一重大问题。到底是宋明理学家眼中的从"明明德"始，经"新民"，最后"止于至善"，还是从"止于至善"始，经"亲民"，最后"明明德"？对"明明德"的理解是关键。

诚如付老师指出的那样，先秦儒家用"德"字，常常不用后世个人美德、伦理道德之义，而是用德业、功业、给百姓恩泽之义。这在《尚书·尧典》《易经·系辞上》中，同样表现得十分突出。

许多学者注意到，《尚书·尧典》第一章是按《大学》修身、齐家、治国、平天下的次序展开的，赞颂尧盛德大业的光辉形象。[①]全文如下：

> 日若稽古，帝尧日放勋，钦明文思安安，允恭克让，光被四表，格于上下。克明俊德，以亲九族。九族既睦，平章百姓。百姓昭明，协和万邦，黎民于变时雍。

《尚书》以难读著称，上文大意是：古时候，帝尧名叫放勋，他为人庄敬严肃，明达事理，形于外者风度文雅，蓄于内者思虑精明，宽厚温和，包容大度，对工作勤奋认真，又能推贤让能。他的人格光辉充塞四海之外，至于天地上下。尧成就了伟大的功德，亲和九族；九族和睦了，就辨明彰显百官；朝中百官协调好后，协和团结万国诸侯。结果天下庶民都亲善和乐，风俗淳美。

《大学》在"诚意章"解释"明德""盛德"时，还引用了《尚书·尧典》的"克明俊德"，上面引作《帝典》，这里的"克明俊德"，是在陈述尧的诸多个人美德之后讲的，意在说明其治国平天下的业绩，如何"明明德于天下"。所以这里"德"当

---

① 顾颉刚、刘起釪.尚书校释译论.北京：中华书局，2005：31.

是德业、功德、恩德之意，而非个人美德！

"雍，和也"，①《尚书·尧典》"雍"是和的意思，由内在"中"的美德达到外在"和"的德业，是中国内圣外王一以贯之大道的精髓所在！

"中庸"本义就是内在心性"中"之用，宋明理学家将之释为："中庸者，不偏不倚、无过不及而平常之理。"简直与《大学》修齐治平之理，《中庸》"致中和，天地位焉万物育焉"之道——文不对题！

《易经·系辞上》开篇以乾坤二卦，论易"三义"，不易、变易、简易，其中"简易"十分重要，是我们成就事业的不二法门。因为如乾、天一下平易，如坤、地一样简约，才能使人明了，跟随，才能建立盛德大业，实现"天地位焉""成位乎其中"。这里"德"直接和"业"联系在一起。文中说："乾以易知，坤以简能。易则易知，简则易从。易知则有亲，易从则有功。有亲则可久，有功则可大。可久则贤人之德，可大则贤人之业。易简而天下之理得矣。天下之理得，而成位乎其中矣。"②

从中国传统数学、到中国古典逻辑学名学、再到中华礼义之学，"位"这一概念都占据重要地位。

从伦理道德到社会治理，先贤皆重正名，而正名的关键是正位。《公孙龙子·名实论》开篇指出：天地间产生的万物，名为物。万物各相其名色命名不发生过差，各当其物，就是实。实对于所指称的物来说无过差，有序，无空虚不实，就是位。离开本来的名位就是非位，符合其名位，就是正；当以正确的名位

---

① 孔颖达.尚书正义.上海：上海古籍出版社，2018：37.
② 黄寿祺、张善文.周易译注.上海：上海古籍出版社，2016：374.

校正不正确的名位，不应以不正确的名位怀疑正确的名位。这里的"正"是按它所指称的实去校正，校正了，就是正名。上面说："天地与其所产焉，物也。物以物其所物而不过焉，实也。实以实其所实，而不旷焉，位也。出其所位非位，位其所位焉，正也；以其所正，正其所不正；不以其所不正，疑其所正。其正者，正其所实也；正其所实者，正其名也。"①

《易经·系辞上》从社会治理角度阐述，"位"首先指社会差序和社会秩序。《易经·系辞上》论"天地位"说："天尊地卑，乾坤定矣。卑高以陈，贵贱位矣。"

人人各司其职，各安其分，社会治理者抱法处势，无为而治，"天地位"是儒道两家相通的大同理想。"同"也是"和"的意思，只有"致中和"，才能"天地位焉，万物育焉"。郑玄在注《礼记·礼运》时认为："同犹和也、平也。"②

不过《礼运》描述人人各司其职、各安其分更详细："故人不独亲其亲，不独子其子，使老有所终，壮有所用，幼有所长，矜、寡、孤、独、废疾者皆有所养，男有分，女有归。"③

大同之治，即无为之治、"致中和"之治、"天地位"之治——学贵通达，学经不可不通！

综上所述，宋明理学家不通经典，师心自用，以禅宗心性论释"明德"为"人之所得乎天，而虚灵不昧，以具众理而应万事者也"。解释《大学》《中庸》颠倒本末，割裂内外，废灭大道——乱国人耳目达千年之久！

---

① 谭戒甫.公孙龙子形名发微.北京：科学出版社，1957：38-40.
② 阮元.十三经注疏下册.礼记正义.北京：中华书局，1980：1414.
③ 阮元.十三经注疏下册.礼记正义.北京：中华书局，1980：1414.

　　内圣化的解释致使外王不足，民族元气衰弱，国运衰败，直
到近代——我们敢不警醒！

　　在此意义上，付金财先生这本书是划时代的，革命性的，不
朽的。

翟玉忠

2021年8月29日于北京奥森